AN INTRODUCTION

CLASSICAL GREEK

Kristian Waite and Fred Pragnell

Edited by Stephen Anderson

GALORE PARK

Independent Schools
Examinations Board

Hachette UK's policy is to use papers that are natural, renewable and recyclable products and made from wood grown in well-managed forests and other controlled sources. The logging and manufacturing processes are expected to conform to the environmental regulations of the country of origin.

Orders: please contact Hachette UK Distribution, Hely Hutchinson Centre, Milton Road, Didcot, Oxfordshire, OX11 7HH. Telephone: (44) 01235 400555. Email: primary@hachette.co.uk. Lines are open from 9 a.m. to 5 p.m., Monday to Friday.
Parents, Tutors please call: 020 3122 6405 (Monday to Friday, 9:30 a.m. to 4.30 p.m.).
Email: parentenquiries@galorepark.co.uk

Visit our website at www.galorepark.co.uk for details of revision guides for Common Entrance, examination papers and Galore Park publications. An Answer Book is available to accompany this book.

ISBN: 978 1 9057 3588 4

Text copyright © Fred Pagnell and Kristian Waite 2012
First published in 2012 by Galore Park Publishing Limited
Hodder & Stoughton Limited
An Hachette UK Company
Carmelite House
50 Victoria Embankment
London EC4Y 0DZ
www.galorepark.co.uk

Layout by Qué

Acknowledgements

The publishers are especially grateful to Julian Morgan for the use of the following photographs:
page 3 photo of the Erectheum (Erechtheion) and the sacred olive tree at the Acropolis in Athens © Julian Morgan; page 65 photo of a statue of a Lapith woman on the pediment of the Temple of Zeus at Olympia, from the museum at Olympia © Julian Morgan

Special thanks also to the ISEB for their support and for granting permission to the publishers to re-use questions from past Common Entrance exam papers.

Printed and bound by CPI Group (UK) Ltd, Croydon, CR0 4YY

FOREWORD

This book has an interesting history. In order to understand properly the course of study which it offers, it's probably helpful to know a bit about how it all came into being.

The story begins back in 2002, when Kristian Waite, then Head of Classics at Hazelwood School, published, under the aegis of ISEB, a short book aimed at Level One of Common Entrance, *Greek - a New Guide for Beginners*. This was a successful venture, and some seven years later, in 2009, the same book, now renamed *Classical Greek for Beginners*, was published again, this time by Galore Park in partnership with ISEB.

Then, at an ISEB/Galore Park meeting in 2010, it was suggested both that this volume might be extended with additional exercises, and that a second book, taking pupils further and incorporating Level Two of CE, might be considered. As it happened, Fred Pragnell, Head of Classics at St. Anthony's School, Hampstead, was already in communication with Galore Park about such a development, and had some specimen material to hand. So, the decision was taken to go ahead.

Many editorial hours later, and after much deliberation, Galore Park eventually decided, early in 2012, that, original intentions notwithstanding, it would in fact make more sense to combine all our material in a single volume. This is the book which is now before you, with its brand new title, *An Introduction to Classical Greek*. We hope that many in their first year of Greek, in whatever circumstances, will be able to benefit from it.

Both authors join with me, the editor responsible for bringing the whole together, in expressing our grateful thanks to Nick Oulton and all at Galore Park; right from the start their support for this project has been exemplary, and we thank them for their professionalism in bringing the book through to final publication.

Stephen Anderson
Winchester College
July 2012

CLASSICAL GREEK

CONTENTS

INTRODUCTION	1
PART ONE	
CHAPTER ONE	4
The Greek alphabet	4
Diphthongs	5
Breathings	5
Capital letters	5
Iota subscript	7
Double gamma	7
Pronunciation practice	7
Converting vowels into Greek letters	9
Names of people and places	9
CHAPTER TWO	11
The present tense of λυω	11
Present tense endings	11
Conjunctions	12
The negative	12
Vocabulary Two	14
CHAPTER THREE	15
The definite article	15
The five cases	15
The three genders	15
1st declension feminine nouns	15
1st declension masculine nouns	19
Vocabulary Three	24
CHAPTER FOUR	25
Present tense of εἰμι	25
Dative of possessor	25
Genitive sandwich	26
Prepositions	29
Questions	29
Notes on the article	29
Vocabulary Four	34
CHAPTER FIVE	35
2nd declension masculine and feminine nouns	35
2nd declension neuter nouns	40
Neuter plural takes a singular verb	41
Dative of instrument	41
Imperfect tense: λυω	44
Vocabulary Five	48

CHAPTER SIX 49

Adjectives 49

    The adjective σοφος 49

    Use and position of adjectives 49

    The adjective φιλιος 50

The future tense: λυω 54

    Further future tense forms 55

Vocabulary Six 59

APPENDIX TO PART ONE 60

Practice unseen passages 60

Practice Level One paper 63

PART TWO

CHAPTER SEVEN 66

Weak aorist active 66

A note on adjectives 66

Imperfect and future of εἰμι 69

The present infinitive 69

More weak aorists active 72

Vocabulary Seven 72

CHAPTER EIGHT 73

3rd declension nouns 73

Personal pronouns 73

μεν and δε 73

τίς and τί 74

Changing of consonants 74

The present and future middle of λυω 76

More nouns of the 3rd declension 77

Numbers one, two and three 78

Rules for expressing time 78

Vocabulary Eight 81

CHAPTER NINE 82

Imperfect middle: λυω 82

More 3rd declension nouns 82

The present and imperfect passive of λυω 84

3rd declension noun: βασιλευς 85

Vocabulary Nine 89

CHAPTER TEN 90

Contracted verbs in -εω and -αω 90

    ε contraction verbs 90

    α contraction verbs 91

Further nouns of the 3rd declension 92

Present infinitive middle and passive of λυω, νικαω and φιλεω 95

More nouns of the 3rd declension 96

Vocabulary Ten 99

CLASSICAL GREEK

CHAPTER ELEVEN   100
Present participle active   100
Present participle middle of λυω   103
Present participle passive of λυω, νικαω and φιλεω   107
Vocabulary Eleven   109

CHAPTER TWELVE   110
Present imperative active   110
Three adjectives: πολυς, μεγας, πας   110
Comparative and superlative adjectives   114
    Irregular comparatives   115
    Comparisons   116
    The superlative   116
Vocabulary Twelve   118

CHAPTER THIRTEEN   119
Strong aorist active   119
Formation and comparison of adverbs   119
Use of τις and τι   120
Imperfect of verbs beginning with a vowel   123
Aorist middle of λυω   123
Uses of αὐτος, αὐτη, αὐτο   123
Vocabulary Thirteen   127

CHAPTER FOURTEEN   128
More common verbs, mostly irregular   128
Connection of sentences   128
Accents   133
    The Battle of Marathon   133
    The battle cry of the Greeks at the Battle of Salamis   135
Vocabulary Fourteen   135

APPENDIX TO PART TWO   136
Practice Level Two paper   136

GRAMMAR SUMMARY   139
The definite article (the)   139
Nouns: 1st declension   139
Nouns: 2nd declension   140
Nouns: 3rd declension   140
Adjectives   141
Adverbs   141
Pronouns   142
Verbs   142
    Contracted verbs in -εω and -αω   143
    The verb εἰμι (sum)   145
    Verbs: principal parts   146

VOCABULARY: GREEK TO ENGLISH   148

VOCABULARY: ENGLISH TO GREEK   151

INTRODUCTION

The central aim of this book is to provide a full Greek course for beginners: the first part deals specifically with the syllabus for Common Entrance Level One, whilst the material in the second part will be useful for both Level Two candidates and those preparing for the varied scholarship papers of senior schools, as well as for all those in whatever circumstances embarking on a course leading to GCSE. At the core of Part One is still Waite's original book, virtually unchanged. To this has been added Pragnell's material under the heading 'Additional Exercises'. Teachers for whom time is at a premium may still choose to concentrate on the original matter here, but it is hoped that many will take advantage of the interesting and innovative material in the subsidary exercises.

We have made a similar division in Part Two: again the 'necessary' exercises are those which come first, but there is also a lot to be gained from the extra material, which is of the same type as in Part One. Throughout the book there is a series of crosswords, word-searches and sudokus; although not central to the course, these can be regarded as some extra fun on the side! The book also has a specimen exam paper for each level, a reference grammar and full vocabularies, as well as a vocabulary list at the end of each chapter suggesting which new words can most valuably be learned at each stage. Pupils are encouraged to refer to these lists when new words are encountered.

PART ONE

CLASSICAL GREEK

CHAPTER ONE

THE GREEK ALPHABET

The first and most obvious obstacle in learning ancient Greek is understanding the Greek alphabet, which the Greeks still use today. The first chapter of this book will help you to understand and remember how the alphabet works. There are twenty-four letters in the Greek alphabet, and for the time being you should concentrate on the lower case letters which are far more common than the upper case forms.

lower case	upper case	name	sound in English
α	A	alpha	a (can be long or short)
β	B	beta	b
γ	Γ	gamma	g (as in go)
δ	Δ	delta	d
ε	E	epsilon	e (short, as in get)
ζ	Z	zeta	z, sd (as in wisdom)
η	H	eta	e (long, as in hair)
θ	Θ	theta	th
ι	I	iota	i (can be long or short)
κ	K	kappa	c, k
λ	Λ	lambda	l
μ	M	mu	m
ν	N	nu	n
ξ	Ξ	xi	x
o	O	omicron	o (short, as in got)
π	Π	pi	p
ρ	P	rho	r
σ, ς	Σ	sigma	s (s only at the end of a word)
τ	T	tau	t
υ	Y	upsilon	u (can be long or short)
ϕ	Φ	phi	ph
χ	X	chi	ch (as in chorus)
ψ	Ψ	psi	ps
ω	Ω	omega	o (long, as in bone)

Modern scholarship suggests that θ and ϕ were probably pronounced as 'tt' (as in butter) and 'pp' (as in slipper) respectively. However, these combinations are very difficult to pronounce in English, and at this stage you should use the traditional pronunciation of these letters as shown in the table above.

⊞ DIPHTHONGS

A diphthong is where two vowels combine to form one sound. In Greek, there are seven vowels: α, $\varepsilon, \eta, \iota, o, \upsilon$ and ω. Here's how to pronounce some common combinations:

$\alpha\iota$	as in h<u>igh</u>	$\varepsilon\upsilon/\eta\upsilon$	as in f<u>eu</u>d
$\alpha\upsilon$	as in c<u>ow</u>	$o\iota$	as in c<u>oin</u>
$\varepsilon\iota$	as in <u>eigh</u>t	$o\upsilon$	as in c<u>oo</u>l

It is very important that you learn how to recognise, write and pronounce each letter of the Greek alphabet as quickly as possible. Once you have practised the alphabet, have a go at the exercise below and see how much you can remember.

EXERCISE 1.1

The following Greek words are still used in English. What are they? You may need to make some small spelling changes.

1.	$\kappa o\mu\mu\alpha$		6.	$\kappa\alpha\nu\omega\nu$
2.	$\beta\alpha\sigma\iota\varsigma$		7.	$\phi o\iota\nu\iota\xi$
3.	$\mu\eta\lambda o\nu$		8.	$\pi\alpha\nu\theta\eta\rho$
4.	$\mu\alpha\nu\iota\alpha$		9.	$\nu\varepsilon\kappa\tau\alpha\rho$
5.	$\chi\alpha o\varsigma$		10.	$\pi\alpha\rho\alpha\lambda\upsilon\sigma\iota\varsigma$

⊞ BREATHINGS

When a Greek word begins with a vowel, a mark called a breathing is always written above it.

A **rough breathing** adds an 'h' sound to the start of a word and is shown by this mark ῾ over the top of the vowel. For example, the word ἱστορια would be pronounced *historia*.

A **smooth breathing** is shown by this mark ᾿ over the top of the vowel. It indicates the absence of the sound 'h'. For example, the word ἰρις would be pronounced *iris*.

EXERCISE 1.2

All these Greek words, which are still used in English, have breathings. Write them out in English, and say whether the breathing in each is a smooth or rough one.

1.	ἰδεα		6.	ὁριζων
2.	ἠχω		7.	ἀκροπολις
3.	ἀσθμα		8.	ἰσοσκελης
4.	ἡρωες		9.	ἀσβεστος
5.	ἠλεκτρον		10.	ἱπποποταμος

⊞ CAPITAL LETTERS

As in English, capital letters are used to begin the names of people and places. However, they are *not* used to begin each sentence. Make sure that you can identify them, as the conversion of names written in Greek letters into their English equivalents is an important skill for students of Greek at all levels.

TIP Take care with the Greek capital eta, which looks like '*H*' in Greek, but is pronounced 'E' in English.

CLASSICAL GREEK

Breathings are written to the left of capital vowels. The Greek word for Athens, for example, is Ἀθηναι, pronounced *Athenai*. When a word begins with a diphthong, the breathing goes over the second vowel. For example, the Greek word for Egypt is Αἰγυπτος, pronounced *Aiguptos*.

EXERCISE 1.3

The following characters are famous from Greek mythology. Write them down in English. You may need to make some small spelling changes.

1. Ἀρης
2. Ἀθηνα
3. Ἡρα
4. Θησευς
5. Ἑρμης
6. Ἀπολλων

7. Ποσειδων
8. Ὀδυσσευς
9. Ἀφροδιτη
10. Κυκλωψ
11. Ἡρακλης
12. Προμηθευς

EXERCISE 1.4

Sometimes you will be asked questions about people or places whose spellings you will be less familiar with. Take care to write down these less well known names in English precisely and correctly.

1. Κορινθος
2. Σπαρτη
3. Κυπρος
4. Σαλαμις
5. Ἰβηρια
6. Ἀλεξανδρια

7. Σολων
8. Ξερξης
9. Εὐριπιδης
10. Ἡροδοτος
11. Θεμιστοκλης
12. Δημοσθενης

EXERCISE 1.5

Many English words are derived directly from Greek words. In each case below give the English word. Again you may need to make some small spelling changes.

(a) Plants: κροκος, ἀνεμωνη, δελφινιον, πεταλον
(b) Animals: μυς, λεων, τιγρις, ἐλεφας, καμηλος, ῥινοκερως, κροκοδειλος
(c) Politics: δημοκρατια, τυραννος, ἀναρχια
(d) The Arts: ποιητης, ποιημα, μυθος, τραγῳδια, δραμα, ἱστορια, σκηνη, ὀρχηστρα, θεατρον, ἀλληγορια, ἀμφιθεατρον, ἀπολογια, ἀρχιτεκτων, εἰκων, χαρακτηρ, χορος
(e) Medicine: φαρμακον, ἐπιληψις, ἐκστασις, ἀγωνια, ἀμνησια, ἀνορεξια, ἀντιδοτον
(f) The Body: κρανιον, σκελετος, ὀφθαλμος, γαστηρ, καρδια, σπλην, ἀορτη
(g) Education: σχολη, μαθηματικα, παραγραφη, κωλον, διλημμα, θεωρια, θεωρημα, ἀθλητης, μεθοδος, φυσικα
(h) Science: ἀηρ, αἰθηρ, ἁρμονια, ἀρωμα, κοσμος, ὀργανον

EXERCISE 1.6

δ	ζ		ι					γ
γ	θ			β	ε		α	
		α				ζ		
θ			β		ζ		ε	
	ε			δ			θ	
	ι		ε		α			ζ
		δ			β			
	α		η	ι			γ	δ
ε					β		η	α

Each sudoku puzzle is made up of 81 squares, within which you must arrange a specific nine letters of the Greek alphabet so that each row, each column, and each box (the smaller 3 x 3 grids) contains only one of each letter.

This sudoku uses only the first nine letters of the Greek alphabet.

IOTA SUBSCRIPT

You will sometimes notice that when an iota (ι) follows α, η or ω, it is written underneath and is hardly sounded at all – so we get ᾳ, ῃ and ῳ. This is called an iota subscript, and you will mostly encounter it with some nouns which you will meet later.

DOUBLE GAMMA

When two gammas (γγ) are found in a word, they are pronounced 'ng' in English. For example, the Greek word for *I announce* is ἀγγελλω, pronounced *angello*, from which we get the English word *angel*.

PRONUNCIATION PRACTICE

Here are some Greek words which you should now be able to pronounce. If you are in any doubt how to pronounce any of these words, consult the alphabet list on page 4 and make sure that you have learnt how to recognise and pronounce all the lower case letters of the Greek alphabet before you go any further.

EXERCISE 1.7

Pronounce each of these Greek words and answer the questions which accompany them.

1. λυω (I set free)
2. γραφω (I write)
   Can you think of any English words which derive from this word?
3. λεγω (I say)
4. στρατευω (I march)
   Can you think of any English words which derive from this word?
5. λαμβανω (I capture)
6. ἐχω (I have)
   What do we call the mark above the epsilon? Is it smooth or rough? What difference, if any, does it make to the sound of the word?
7. δουλος (slave)
8. χωρα (country)

9. ζῳον (animal)
    Note that this word has an iota subscript. Can you think of any English words which derive from this word?

10. πολιτης (citizen)
    Can you think of any English words which derive from this word?

11. ἱππος (horse)
    What do we call the mark above the iota? Is it smooth or rough? What difference, if any, does it make to the sound of the word?

12. ποταμος (river)

EXERCISE 1.8

The following story contains many Greek words which are still used in English today. Read the passage and write down, *in English letters*, the Greek words as they come up.

τραυμα in the city

1   One day, we decided to explore the μητροπολις. In the
    afternoon, we saw the ὀρχηστρα and in the evening we
    went to the κινημα to watch a δραμα. There was a
    terrible κλιμαξ for a member of the audience. We
5   thought that he had fallen into a κωμα but a doctor there
    gave a διαγνωσις. After a careful ἀναλυσις of the
    symptoms, he said that the γενεσις of the patient's illness
    had been βακτηρια picked up on a trip to a tropical
    ζωνη. Eventually, the κρισις passed, though it could have
10 been a καταστροφη for the poor man. He was certainly
    an odd χαρακτηρ and it was a very strange σκηνη for us
    all to have witnessed.

Well done if you have worked out the story without going back to check any of the letters! Before moving on, you must make sure that you can identify and pronounce any letter of the Greek alphabet in both its lower case and upper case forms.

EXERCISE 1.9

σ			ξ		μ		ν	λ
		λ			κ		ρ	μ
	π	ξ		λ				
ρ			κ		λ		μ	π
		ν				λ		
λ	κ		ρ		π			ο
			σ		κ	π		
ο	ν		π			ρ		
κ	σ		λ		ν			ξ

Complete this sudoku by adding letters from the Greek alphabet so that the same nine letters exist in each row, each column, and each 3 x 3 box.

This sudoku uses only the second nine letters of the Greek alphabet.

CONVERTING VOWELS INTO GREEK LETTERS

Write out again, if you need to, the lower case letters of the Greek alphabet shown on page 4. You must feel confident both in writing out Greek letters and in knowing which Greek letter to use for each English letter before attempting Exercise 1.10.

If a word begins with the English letter 'h' then you must place a rough breathing (ʽ) over the first vowel. For example, *hydra* would become ὑδρα (note also that y becomes υ).

If a word begins with a vowel, but there is no 'h' sound, then you must place a smooth breathing (ʼ) over that vowel. For example, *aristos* would become ἀριστος.

If a word begins with a diphthong, or two vowels sounded together, then the breathing is put on the second vowel. For example, *automaton* would become αὐτοματον.

Words beginning with 'e' or 'o' can cause difficulty as these vowels have two forms each in Greek.

Short 'e' (marked e) in English is **epsilon** in Greek (ε).
Long 'e' (marked ē) in English is **eta** in Greek (η).
Short 'o' (marked o) in English is **omicron** in Greek (o).
Long 'o' (marked ō) in English is **omega** in Greek (ω).

Words beginning with rho (ρ) automatically have a rough breathing (ʽ) placed over the rho and are pronounced 'rh' in English. For example *rhododendron* would become ῥοδοδενδρον.

The letter sigma is always written as σ except at the end of a word, when it should be written ς.

Finally, remember that the Greek iota (ι) does not need to be dotted like the letter 'i' in English.

EXERCISE 1.10

Write the following words in Greek letters. Long vowels are marked where necessary.

1. mega
2. polis
3. delta
4. choros
5. alpha
6. ethos
7. bathos
8. ōmega
9. stigma
10. thōrax
11. psychē
12. dēmocratia
13. paragraphē
14. dialysis
15. hydrophobia

NAMES OF PEOPLE AND PLACES

You will need to apply the same rules with the names of people and places, but bear in mind that the first letter will need to be a capital letter.

If the word begins with a vowel, the breathing goes to the left of it. *Atlas*, for example, would become Ἀτλας. If the word begins with a diphthong, then the breathing, as before, is put on the second vowel. *Aischylos*, for example, would become Αἰσχυλος.

Greek names beginning with 'J' will begin with a capital iota in their Greek forms. If a word begins with an iota, the breathing is always placed on the iota, even if the next letter is a vowel. The breathing is placed to the left of a capital iota. *Jasōn*, for example, would become Ἰασων.

EXERCISE 1.11

Write down the following people and places in Greek letters. Long vowels are marked where necessary.

1. Zeus
2. Midas
3. Artemis
4. Hektōr
5. Agamemnōn
6. Helenē
7. Petros
8. Daphnē

9. Philippos
10. Jōsēphos
11. Italia
12. Eurōpē
13. Olympia
14. Milētos
15. Halikarnassos

EXERCISE 1.12

Write the following in English letters:

1. Ἀριστοφανης
2. Ἀμαζων
3. Ἀτλας
4. Σωκρατης

Give the English for these names from the Bible:

5. Πετρος
6. Παυλος
7. Ματθαιος
8. Μαρκος
9. Λουκας
10. Μαρια

EXERCISE 1.13

ν	α	υ	ς	ι	α	δ	υ	ς	ς	ν
σ	ο	δ	η	υ	π	ς	ο	ο	ο	α
γ	χ	ρ	ρ	π	μ	ν	ρ	λ	μ	σ
μ	α	ο	τ	α	ν	κ	α	η	σ	κ
η	ρ	ο	λ	α	μ	τ	θ	μ	ο	ε
ζ	α	γ	ρ	η	ε	α	ρ	α	κ	λ
θ	κ	υ	ξ	π	μ	θ	φ	κ	χ	ε
φ	τ	ι	γ	ρ	ι	ς	ζ	ν	ο	τ
ς	η	τ	η	ι	ο	π	ω	ο	ρ	ο
κ	ρ	ο	κ	ο	δ	ε	ι	λ	ο	ς
τ	β	ι	δ	κ	λ	δ	η	δ	ς	ξ

To finish this wordsearch, find in the grid on the left the Greek words from which these English words are derived:

drama, crocodile, mouse, poet, school, character, camel, lion, theatre, tiger, chorus, cosmos, petal, skeleton, tyrant

Draw a circle around each word in the grid once you have found it.

You should now be able to convert individual Greek words into their English equivalents, and vice versa, with confidence. Do make sure that you can write down any Greek letter in either its lower case or upper case form before you begin the next chapter.

CHAPTER TWO

🔳 THE PRESENT TENSE OF λυω

As in Latin, Greek verbs change their endings to indicate who is doing an action, and when it happened. In this chapter you will see how the present tense works in Greek.

Present tense endings

The present tense of λυω, *I set free*, is easy to remember. All the verbs which you will meet in the early stages of Greek, except for one, end in '-ω' and change their present tense endings in the same way. Hyphens have been put in to show the present tense endings on the verb stem 'λυ-'.

person	Greek verb	meaning
1st singular	λυ-ω	I set free
2nd singular	λυ-εις	you set free
3rd singular	λυ-ει	he/she/it sets free
1st plural	λυ-ομεν	we set free
2nd plural	λυ-ετε	you set free
3rd plural	λυ-ουσι(ν)[1]	they set free

[1]The 3rd person plural form λυουσιν is used before a word beginning with a vowel or at the end of a sentence.

TIP Try to memorise the present tense of λυω as quickly as possible. Note that Greek, like Latin, does not have to use a separate word for *I, you* etc.

EXERCISE 2.1

Practise saying the present tenses of the following verbs in full. They all copy the pattern of λυω. Hyphens have been inserted to show you where the endings should be added.

1. ἀγ-ω (I lead)
2. γραφ-ω (I write)
3. ἐχ-ω (I have)
4. θυ-ω (I sacrifice)
5. παυ-ω (I stop)
6. στρατευ-ω (I march)

TIP Once you have learnt the present tense of λυω it soon becomes easy to apply the endings to other verbs which you will learn during the course.

EXERCISE 2.2

Translate these verbs into English. Check the endings carefully before answering. The basic meaning of the verb is in brackets.

1. ἀγ-εις (lead)
2. γραφ-ομεν (write)
3. ἐχ-ουσι (have)
4. θυ-ει (sacrifice)
5. παυ-ετε (stop)
6. στρατευ-ω (march)
7. ἀγ-ομεν (lead)

TIP When you are asked to translate single verb forms, you will need to work out who is doing the action by looking at the verb ending, and apply this to your knowledge of the verb which you have learnt in its 1st person singular form.

8. θυ-ετε   (sacrifice)
9. παυ-ει   (stop)
10. γραφ-ω   (write)
11. στρατευ-ουσιν   (march)
12. ἐχ-εις   (have)

EXERCISE 2.3

In this exercise some new verbs are introduced. Practise saying in full their present tenses and then translate the forms below. Be careful with endings, as the hyphens have been left out this time.

βαλλω	I throw	λεγω	I say, speak
θεραπευω	I honour	μενω	I remain
λαμβανω	I capture	παιδευω	I train
σῳζω	I save		

1. βαλλει
2. θεραπευουσι
3. λαμβανομεν
4. λεγεις
5. μενετε
6. παιδευομεν
7. σῳζει

8. βαλλετε
9. μενει
10. παιδευεις
11. σῳζομεν
12. λεγουσιν
13. θεραπευομεν
14. λαμβανει

CONJUNCTIONS

Here are two useful conjunctions written in Greek:

και   and
ἀλλα   but (note that before a vowel ἀλλα regularly appears as ἀλλ')

THE NEGATIVE

Greek has the following three ways of saying *not*:

οὐ   (before consonants)
οὐκ   (before vowels with **smooth** breathings)
οὐχ   (before vowels with **rough** breathings)

EXERCISE 2.4

Translate into English:

1. στρατευω και ἀγω.
2. οὐ θυομεν ἀλλα γραφομεν.
3. ἀγετε και θυετε.

4. στρατευουσι και θυουσιν.
5. στρατευει και λυει.
6. οὐ γραφω ἀλλα θυω.

EXERCISE 2.5

Translate into English:

1. οὐ θυομεν.
2. οὐ στρατευεις.
3. οὐκ ἀγετε.
4. οὐκ ἐχουσιν.
5. οὐ θυω ἀλλα στρατευω.

6. οὐ γραφει ἀλλα θυει.
7. στρατευεις ἀλλ’ οὐκ ἀγεις.
8. θυετε ἀλλ’ οὐ στρατευετε.
9. γραφομεν ἀλλ’ οὐ λυομεν.
10. οὐκ ἀγεις ἀλλα στρατευεις.

Additional exercises

Try these exercises for extra practice before moving on to the next chapter.

EXERCISE 2.6

Translate into English:

1. μενομεν
2. λαμβανει
3. βαλλουσι
4. θεραπευετε
5. λεγετε
6. οὐκ ἐχω
7. στρατευουσι
8. σῳζεις

9. γραφομεν
10. ἀγει
11. οὐ παυει
12. λεγω
13. παιδευει
14. θυει
15. οὐ βαλλομεν
16. οὐκ ἀγουσι

EXERCISE 2.7

Translate into Greek:

1. He writes
2. We are not stopping
3. They sacrifice
4. We say
5. He remains
6. You (pl.) capture
7. They throw
8. We honour

9. They march
10. He doesn’t have
11. We lead
12. He captures
13. They save
14. I’m writing
15. They have
16. You (sing.) say

EXERCISE 2.8

Translate into English:

1. μενω ἀλλ’ οὐ θεραπευω.
2. οὐ θυουσιν ἀλλα στρατευουσιν.
3. οὐ γραφομεν ἀλλα παιδευομεν.
4. γραφομεν και λεγομεν.
5. ἀγουσι και λαμβανουσιν.
6. θυετε και γραφετε.

EXERCISE 2.9

ι	χ	η	θ	ς	χ	ψ	μ
σ	ε	θ	μ	ι	λ	μ	ω
υ	θ	υ	δ	ε	φ	ς	ι
ο	ω	ο	λ	λ	θ	ο	ν
ν	ε	μ	ι	λ	ψ	υ	δ
ε	τ	ε	φ	α	ρ	γ	κ
μ	ω	ν	α	β	μ	α	λ

Translate the following into Greek and find them in the grid on the left:

I catch, you (sing.) throw, he looses, we sacrifice, you (pl.) write, they stay

VOCABULARY TWO

ἀγω	I lead	λεγω	I say, speak
βαλλω	I throw, pelt	λυω	I set free, loose
γραφω	I write	μενω	I remain, wait for
ἐχω	I have, hold, keep	παιδευω	I train, educate
θεραπευω	I honour, worship, heal, cure, look after	παυω	I stop
		στρατευω	I march, go on an expedition
θυω	I sacrifice		
λαμβανω	I take, capture, catch	σῳζω	I save
και	and		
ἀλλα / ἀλλ'	but		
οὐ / οὐκ / οὐχ	not		

CHAPTER THREE

⊞ THE DEFINITE ARTICLE

Greek, unlike Latin, uses a separate word for *the*. This is called the **definite article**. In Greek, this word has many different forms, because it always reflects the gender, number and case of the noun to which it is attached. Although the definite article looks complicated, it is actually much easier to learn than it appears. It will also give you important information about the gender, number and case of the nouns which you will meet while learning Greek, making translation work much easier.

You should learn it across, singular first then plural. The five cases are explained further below.

singular	m.	f.	n.
nominative	ὁ	ἡ	το
accusative	τον	την	το
genitive	του	της	του
dative	τῳ	τη	τῳ
plural	**m.**	**f.**	**n.**
nominative	οἱ	αἱ	τα
accusative	τους	τας	τα
genitive	των	των	των
dative	τοις	ταις	τοις

> **TIP** Nouns which are in the vocative case are generally introduced by ὦ (o) instead of the definite article.

⊞ THE FIVE CASES

Every noun in Greek, like Latin, must be in a case which defines its role in the sentence. There are **five** cases in Greek (note: there is no ablative).

nominative	used for the **subject** of the sentence
vocative	used for the person being **addressed**
accusative	used for the **object** of the sentence
genitive	used to express *of*
dative	used to express *to*, *for*, *by* and *with*

⊞ THE THREE GENDERS

Every noun in Greek has a gender: masculine, feminine or neuter. When using the definite article with a noun, the correct gender of the definite article must be used. Sometimes, where a noun can be masculine or feminine, such as the word *child*, it is shown as 'common' (c).

1st declension feminine nouns

Greek, like Latin, divides nouns which have similar endings into groups called declensions. The first nouns which you will meet are feminine in gender and belong to the 1st declension. Their nominative singular forms end in '-η' or '-α'.

CLASSICAL GREEK

Study carefully the examples below, and note how many of their endings are the same as those of the feminine of the definite article.

singular		νικη, -ης, f., victory	χωρα -ας, f., country	θαλασσα -ης, f., sea
nominative	ἡ	νικη	χωρα	θαλασσα
vocative	(ὠ)	νικη	χωρα	θαλασσα
accusative	την	νικην	χωραν	θαλασσαν
genitive	της	νικης	χωρας	θαλασσης
dative	τῃ	νικῃ	χωρᾳ	θαλασσῃ
plural				
nominative	αἱ	νικαι	χωραι	θαλασσαι
vocative	(ὠ)	νικαι	χωραι	θαλασσαι
accusative	τας	νικας	χωρας	θαλασσας
genitive	των	νικων	χωρων	θαλασσων
dative	ταις	νικαις	χωραις	θαλασσαις

Every noun with a nominative singular ending in '-η' which you will meet in this book has endings like νικη, and every noun with a nominative singular ending in '-α', with the exception of θαλασσα, has endings like χωρα.

Nouns like νικη		**Nouns like χωρα**	
γη	land	ἀγορα	market-place
ἐπιστολη	letter	ἡμερα	day
μαχη	battle	θεα	goddess
φωνη	voice	οἰκια	house
αἱ Ἀθηναι (pl.)	Athens	στρατια	army

TIP Greek has no separate word for a or an. ἡ νικη would mean *the victory*, but νικη by itself means *victory* or *a victory*.

EXERCISE 3.1

Give the case and number of the definite article with each of these words. Then translate into English. The basic meaning of each noun is given in brackets.

1. ἡ ἀγορα   (market-place)
2. της ἐπιστολης   (letter)
3. αἱ μαχαι   (battle)
4. τῃ γῃ   (land)
5. τας θεας   (goddess)
6. των οἰκιων   (house)
7. τας ἡμερας   (day)
8. ταις φωναις   (voice)
9. αἱ στρατιαι   (army)
10. των Ἀθηνων   (Athens)

TIP Note that Greek word order is often quite similar to English. In particular verbs regularly appear in the middle of sentences, rather than at the end, as in Latin.

EXERCISE 3.2

Translate into English:

1. ἀγω την στρατιαν.
2. παυεις την μαχην.
3. γραφομεν τας ἐπιστολας.
4. θυουσι τῃ θεᾳ.
5. οἰκιαν ἐχεις.
6. ἡ θεα παυει την μαχην.
7. αἱ Ἀθηναι ἐχουσιν ἀγοραν.
8. ἡ στρατια οὐ σῳζει την χωραν.
9. γραφω την ἐπιστολην ἐν (in) τῃ οἰκιᾳ.
10. ἀγεις την στρατιαν προς (towards) την θαλασσαν.

Additional exercises (1)

Try these additional exercises before you move on to the next part of this chapter.

EXERCISE 3.3

Translate into English:

1. ἀγουσι την στρατιαν.
2. ἡ θεα σῳζει την χωραν.
3. ἐχομεν οἰκιαν ἐν ταις Ἀθηναις.
4. ἀγει την στρατιαν προς την θαλασσαν.
5. ἀγομεν τας στρατιας προς τας Ἀθηνας.
6. γραφω ἐπιστολην.
7. θυουσι ταις θεαις.
8. οἰκιας ἐχουσιν.
9. αἱ θεαι παυουσι τας μαχας.
10. ἀγω την στρατιαν προς την ἀγοραν.

EXERCISE 3.4

Translate into Greek:

1. The goddess has wisdom.
2. They are writing letters.
3. She is writing a letter in the house.
4. They are not honouring the goddess.
5. The goddess doesn't stop the battles.
6. We are leading the army to Athens.
7. I am leading the army to battle.
8. He is freeing the army.
9. He has a victory in Athens.
10. You have wisdom, O goddess.

CLASSICAL GREEK

EXERCISE 3.5

In each sentence fill the gap with the most suitable of the options beneath. Then translate into English.

1. ἀγει _____
   - (a) την φωνην
   - (b) την γην
   - (c) την στρατιαν
   - (d) την οἰκιαν

2. γραφεις _____
   - (a) θεαν
   - (b) ἐπιστολην
   - (c) νικην
   - (d) μαχην

3. ἡ _____ λυει την στρατιαν
   - (a) θεα
   - (b) φωνη
   - (c) ἡμερα
   - (d) οἰκια

4. θυουσι _____
   - (a) τη ἡμερᾳ
   - (b) τη θεᾳ
   - (c) τη νικη
   - (d) τη ἀγορᾳ

5. ἡ θεα παυει _____
   - (a) την ἀγοραν
   - (b) την μαχην
   - (c) την χωραν
   - (d) την θαλασσαν

6. _____ ἐχει σοφιαν.
   - (a) ἡ θεα
   - (b) ἡ οἰκια
   - (c) ἡ ἡμερα
   - (d) ἡ ἀγορα

7. γραφουσι τας ἐπιστολας ἐν τη _____
   - (a) φωνῃ
   - (b) γῃ
   - (c) θεᾳ
   - (d) οἰκιᾳ

8. _____ την στρατιαν προς την μαχην.
   - (a) ἐχουσι
   - (b) ἀγομεν
   - (c) γραφει
   - (d) θυετε

9. ἡ στρατια οὐ _____ την μαχην.
   - (a) παυει
   - (b) στρατευει
   - (c) παιδευει
   - (d) λυει

10. _____ οἰκιαν ἐν ταις Ἀθηναις.
    - (a) ἀγομεν
    - (b) ἐχομεν
    - (c) βαλλομεν
    - (d) παιδευομεν

EXERCISE 3.6

The crosswords in this book are completed in the same way as a normal crossword, except the clues are incomplete Greek sentences. To complete each crossword, first translate the sentences into English so you understand them, then write the missing Greek letters into the squares.

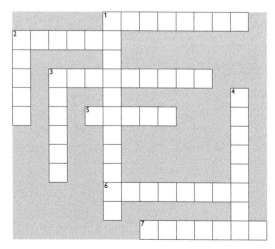

Across
1. ἀγουσι την στρατιαν προς την θ_____. (8)
2. μ_____ ἐν τη ἀγορᾳ. (6)
3. ἡ στρατια σ_____ προς την χωραν. (9)
5. θυομεν ταις θ_____. (5)
6. ἐχουσι σ_____. (8)
7. γ_____ ἐπιστολας. (7)

Down
1. θ_____ την θεαν. (11)
2. ἡ θεα παυει την μ_____. (5)
3. ἡ θεα ἐχει σ_____. (6)
4. ἡ στρατια λαμβ_____ την γην. (8)

EXERCISE 3.7

Complete the following and translate into English:

1. παυουσι τη‗ μαχ‗‗.
2. οἰκι‗ς ἐχομεν.
3. ἡ στρατι‗ οὐ λαμβαν‗‗ τα‗ χωρ‗‗.
4. αἱ θε‗‗ παυ‗‗‗‗ τας μαχ‗‗.
5. ἀγουσι την στρατι‗‗ προς τ‗‗ Ἀθην‗‗.
6. θεραπευομ‗‗ την θε‗‗.
7. ἡ στρατια στρατευ‗‗ προς τ‗‗ θαλασσ‗‗
8. ἡ θε‗ λεγ‗‗.
9. ἐχω τας ἐπιστολ‗‗.
10. μενομεν ἐν τ‗‗‗ Ἀθην‗‗‗.

EXERCISE 3.8

π		ς		ψ		φ		ω
υ			φ		ω			ρ
	φ		ς		υ		χ	
ψ		ρ				τ		ς
	ς						π	
φ		τ				χ		υ
	τ		υ		ρ		ψ	
χ			ψ		π			τ
ρ		ψ		τ		υ		π

Complete this sudoku by adding letters from the Greek alphabet so that the same nine letters exist in each row, each column, and each 3 x 3 box.

This sudoku uses only the last nine letters of the Greek alphabet.

EXERCISE 3.9

Match the following and translate into English:

1. γραφουσιν
2. ἀγει την
3. ἐχομεν οἰκιας ἐν
4. θυει
5. θεραπευουσι
6. ἡ στρατια λαμβανει τας
7. βαλλω ἐπιστολας
8. ἡ στρατια μενει

(a) στρατιαν προς την θαλασσαν.
(b) τας θεας.
(c) οἰκιας.
(d) ἐν τῃ χωρᾳ.
(e) εἰς την θαλασσαν.
(f) ἐπιστολας.
(g) ταις Ἀθηναις.
(h) ταις θεαις.

1st declension masculine nouns

All the nouns which you have met so far ended in -η or -α and were feminine in gender. It is time now to meet some very common masculine nouns and also to make sure you can confidently identify the masculine parts of the definite article.

All the nouns which you are about to meet end in -ης except for one which ends in -ας. Although they are all masculine in gender, note that their plural endings resemble the feminine of the definite article.

singular		κριτης, -ου, m., judge	νεανιας, -ου, m., young man
nominative	ὁ	κριτης	νεανιας
vocative	(ὠ)	κριτα	νεανια
accusative	τον	κριτην	νεανιαν
genitive	του	κριτου	νεανιου
dative	τῳ	κριτῃ	νεανιᾳ
plural			
nominative	οἱ	κριται	νεανιαι
vocative	(ὠ)	κριται	νεανιαι
accusative	τους	κριτας	νεανιας
genitive	των	κριτων	νεανιων
dative	τοις	κριταις	νεανιαις

nouns like κριτης

δεσποτης	master
ναυτης	sailor
ποιητης	poet
πολιτης	citizen
στρατιωτης	soldier

Once you have got to know these nouns as items of vocabulary, and checked carefully the case and number of the definite article which goes before each noun, you should not encounter much difficulty in translating sentences involving these words.

EXERCISE 3.10

Give the case and number of the definite article with each of these words. Then translate into English. The basic meaning of each noun is given in brackets.

1. τον δεσποτην (master)
2. οἱ ναυται (sailor)
3. τῳ πολιτῃ (citizen)
4. του κριτου (judge)
5. τους στρατιωτας (soldier)
6. των νεανιων (young man)
7. ὠ ποιητα (poet)
8. τοις δεσποταις (master)

EXERCISE 3.11

Translate into English:

1. ὁ ποιητης γραφει.
2. οἱ νεανιαι στρατευουσιν.
3. ἀγεις τους πολιτας.
4. οὐ λυομεν τον δεσποτην.
5. ὁ κριτης παυει την μαχην.
6. ὁ δεσποτης θυει τῃ θεᾳ.

7. ὁ ποιητης γραφει ἐπιστολην.
8. οἱ στρατιωται οὐκ ἐχουσιν οἰκιας.
9. οἱ νεανιαι στρατευουσιν εἰς (into) τας Ἀθηνας.
10. ἀγεις τους ναυτας ἐκ (out of) της χωρας, ὦ κριτα.

EXERCISE 3.12

Simple word derivation questions are often included on examination papers. Translate the following Greek words into English and give an English word derived from each one.

Example: γραφω means *I write* and gives us *graphics*.

1. φωνη
2. στρατια
3. παυω
4. σοφια

Additional exercises (2)

Some more exercises for you to try before moving on.

EXERCISE 3.13

Translate into English:

1. οἱ στρατιωται οὐ παυουσι την μαχην.
2. ὁ νεανιας γραφει ἐπιστολην.
3. ὁ ποιητης λυει τον κριτην.
4. οἱ στρατιωται λαμβανουσι τους νεανιας.
5. ἡ θεα σῳζει τας Ἀθηνας.
6. ὁ δεσποτης λαμβανει τους ναυτας.
7. οἱ στρατιωται στρατευουσι προς τας Ἀθηνας.
8. οἱ πολιται θεραπευουσι την θεαν.
9. οἱ κριται σοφιαν ἐχουσιν.
10. ὁ στρατιωτης ἀγει την στρατιαν προς την μαχην.

EXERCISE 3.14

		I		Δ		A		
		Z		E				
	B	Θ	A		H	Z	Γ	
	E		Δ		Z		I	
Δ								Z
	H		B		Θ		A	
	Δ	Γ	Θ		A	H	E	
			H		Δ			
		H		Γ		Θ		

Complete this sudoku by adding letters from the Greek alphabet so that the same nine letters exist in each row, each column, and each 3 x 3 box.

CLASSICAL GREEK

EXERCISE 3.15

Translate into Greek:

1. The master saves the house.
2. The poets honour Athens.
3. The army is marching towards Athens.
4. The master does not have wisdom.
5. The sailors remain in the market-place.
6. The soldiers and sailors march to Athens.
7. The young men are speaking.
8. The soldiers catch the young men.
9. The sailors remain in Athens.
10. We do not remain in the house.

EXERCISE 3.16

In each sentence fill the gap with the most suitable of the options beneath. Then translate into English.

1. ὁ νεανιας γραφει _____
   - (a) ἀγοραν
   - (b) νικην
   - (c) ἐπιστολην
   - (d) κριτην

2. ὁ _____ ἐχει σοφιαν.
   - (a) νεανια
   - (b) πολιτα
   - (c) κριτης
   - (d) κριται

3. οἱ _____ γραφουσι τας ἐπιστολας.
   - (a) θεαι
   - (b) φωναι
   - (c) Ἀθηναι
   - (d) πολιται

4. ἡ θεα σῳζει _____
   - (a) τους πολιτας.
   - (b) τας φωνας.
   - (c) τας ἡμερας.
   - (d) τας νικας.

5. _____ μενουσιν ἐν ταις Ἀθηναις.
   - (a) αἱ ἡμεραι
   - (b) οἱ ναυται
   - (c) αἱ φωναι
   - (d) αἱ νικαι

6. _____ μενει ἐν τῃ οἰκιᾳ.
   - (a) ἡ χωρα
   - (b) ἡ σοφια
   - (c) ὁ δεσποτης
   - (d) ἡ ἀγορα

7. ὁ ποιητης βαλλει _____ εἰς την θαλασσαν.
   - (a) τον ναυτην
   - (b) την μαχην
   - (c) την γην
   - (d) την θεαν

8. _____ λαμβανουσι τον νεανιαν.
   - (a) αἱ μαχαι
   - (b) οἱ στρατιωται
   - (c) αἱ Ἀθηναι
   - (d) αἱ χωραι

9. _____ μενει ἐν τῃ οἰκιᾳ.
   - (a) ἡ νικη
   - (b) ἡ μαχη
   - (c) ὁ πολιτης
   - (d) ἡ ἡμερα

10. ὁ κριτης _____ τους ναυτας προς την θαλασσαν.
    - (a) βαλλει
    - (b) ἀγει
    - (c) παιδευει
    - (d) θυει

EXERCISE 3.17

Complete the following and translate into English:

1. οἱ στρατιωτ__ οὐ λαμβαν____ τους νεανιας.
2. ὁ πολιτ__ θυ__ τη θε_.
3. ὁ κριτ__ ἐχ__ σοφι__.
4. ὁ στρατιωτ__ ἀγ__ τους νεανι__ προς τ__ Ἀθην__.
5. οἱ ποιητ__ λυ____ τους νεανι__.
6. οἱ ναυτ__ θεραπευ____ τους πολιτ__.
7. οἱ νεανι__ θυ____ τη θε_.
8. οἱ στρατιωτ__ σῳζ____ τ__ Ἀθην__.
9. ὁ δεσποτ__ μεν__ ἐν τη οἰκι_.
10. ἀγω τους στρατιωτ__ ἐκ της οἰκι__.

EXERCISE 3.18

	Ρ			Ν	Μ	Λ		
Σ		Ξ						Π
Ν			Π		Κ		Ο	
Ρ		Ν	Σ		Ο	Π		
				Ξ				Λ
		Ο	Κ		Π	Ρ		
	Ν		Ο		Ξ			Μ
Λ						Κ		Ο
	Κ	Ρ	Μ				Π	

Complete this sudoku by adding letters from the Greek alphabet so that the same nine letters exist in each row, each column, and each 3 x 3 box.

EXERCISE 3.19

Match the following and translate into English:

1. οἱ πολιται
2. οἱ δεσποται ἐχουσι
3. ὁ ποιητης
4. ἡ
5. οἱ νεανιαι μενουσιν
6. ὁ κριτης λαμβανει
7. ἀγω τους
8. ὁ νεανιας γραφει τας

(a) σοφιαν.
(b) τους νεανιας.
(c) θεα σῳζει τας Ἀθηνας.
(d) ἐν τη θαλασσῃ.
(e) νεανιας προς την οἰκιαν.
(f) θεραπευουσι την θεαν.
(g) ἐπιστολας.
(h) λυει τους πολιτας.

VOCABULARY THREE

ἀγορα, -ας, f.	market-place	μαχη, -ης, f.	battle
αἱ Ἀθηναι, -ων, f. pl.	Athens	νικη, -ης, f.	victory
γη, γης, f.	earth, land	οἰκια, -ας, f.	house
ἐπιστολη, -ης, f.	letter	σοφια, -ας, f.	wisdom
ἡμερα, -ας, f.	day	στρατια, -ας, f.	army
θαλασσα, -ης, f.[1]	sea	φωνη, -ης, f.	voice
θεα, -ας, f.	goddess	χωρα, -ας, f.	country
δεσποτης, -ου, m.	master	ποιητης, -ου, m.	poet
κριτης, -ου, m.	judge	πολιτης, -ου, m.	citizen
ναυτης, -ου, m.	sailor	στρατιωτης, -ου, m.	soldier
νεανιας, -ου, m.	young man		
εἰς + accusative	into, against, to, up to		
προς + accusative	to, towards, against		
ἐκ/ἐξ + genitive	out of, from		
ἐν + dative	in, on		

[1]Note that in Greek σσ can also be written ττ: thus θαλασσα may appear as θαλαττα.

CHAPTER FOUR

▦ PRESENT TENSE OF εἰμι

The verb *to be* is irregular in most languages, and Greek is no exception. Here is its present tense in full. This verb is as common as you might expect and you need to learn it as quickly as possible. It is very easy to recite and memorise.

εἰμι	I am
εἰ	you are
ἐστι(ν)[1]	he/she/it is
ἐσμεν	we are
ἐστε	you are
εἰσι(ν)[1]	they are

TIP The 3rd person singular and plural forms are sometimes confused. You will avoid this if you bear in mind how similar the 3rd person singular form ἐστι is to its equivalent, *est*, in Latin and French.

[1]Note that the forms ἐστιν and εἰσιν are used before a vowel or at the end of a sentence.

EXERCISE 4.1

Translate into English:

1. εἰμι ποιητης.
2. στρατιωται ἐσμεν.
3. ἐστι δεσποτης.
4. οὐκ εἰσι κριται.
5. εἰ ἐν τῃ ἀγορᾳ.
6. οὐκ ἐστε ναυται.
7. ἐσμεν ἐν ταις Ἀθηναις.
8. ἡ θεα ἐστιν ἐν τῃ ἀγορᾳ.
9. οὐκ εἰμι ποιητης, ὦ πολιται.
10. οὐκ εἰ κριτης ἀλλα νεανιας.

TIP Note that when ἐστι(ν) and εἰσι(ν) come as the *first word* in a sentence, *There is ...* and *There are ...* are often the most suitable translations for them.

▦ DATIVE OF POSSESSOR

We have already learnt the verb ἐχω which means *I have*. Another common way of showing possession in Greek is by using the 3rd person forms of εἰμι plus a noun in the dative case. Study the following example carefully:

	ἐστιν οἰκια τῳ ποιητῃ.
(literally)	There is a house to the poet.
(good English)	The poet has a house.

TIP When you come across this sort of sentence, translate it literally first and then put it into good English.

EXERCISE 4.2

Translate into English :

1. ἐστιν ἀγορα τοις πολιταις.
2. ἐστι νικη τῃ θεᾳ.
3. εἰσιν ἐπιστολαι τῳ κριτῃ.
4. οὐκ ἐστι σοφια τῳ δεσποτῃ.
5. εἰσιν οἰκιαι τοις νεανιαις.

 GENITIVE SANDWICH

In Greek, as in Latin, a noun in the genitive case means *of*. In the phrase *the book of the boy*, the noun *boy* would be in the genitive case. In Greek, a noun in the genitive case is usually placed *between* the noun being possessed and its article. In the above example, the Greek order of words would be *the – of the boy – book*. Study the following example carefully.

	ἡ του κριτου οἰκια
(literally)	The – of the judge – house
(good English)	The house of the judge *or*
	The judge's house

> **TIP** The genitive forms of the article του/της (singular) or των (plural), which all mean *of the*, should make your translation more easy.

EXERCISE 4.3

Translate into English :

1. ἡ του πολιτου οἰκια
2. ἡ της θεας σοφια
3. ἡ των Ἀθηνων ἀγορα
4. ἡ των στρατιωτων νικη
5. οἱ της χωρας ποιηται
6. αἱ των νεανιων φωναι

Additional exercises (1)

Some extra practice exercises for you to try. Make sure you have lots of practice before you move on.

EXERCISE 4.4

Translate into English:

1. αἱ των πολιτων φωναι
2. ἡ των κριτων σοφια
3. ἡ του ποιητου σοφια
4. οἱ των Ἀθηνων πολιται
5. οἱ της στρατιας στρατιωται
6. εἰσι τοις νεανιαις ἐπιστολαι.
7. ἐστι σοφια τῳ κριτῃ.
8. οὐκ εἰμι στρατιωτης.
9. πολιται ἐσμεν.
10. ἐστιν ἐπιστολη ἐν τῃ οἰκιᾳ.

EXERCISE 4.5

Translate into Greek:

1. The citizens are in the market-place.
2. The goddess has wisdom.
3. The sailors are in the house.
4. The soldiers are marching to the poet's house.
5. The goddess is saving the country.
6. I am not a poet.
7. We are citizens of Athens.
8. The young men are not in the market-place.
9. They are not sailors but soldiers.
10. The citizens are training the young men.

EXERCISE 4.6

In each sentence fill the gap with the most suitable of the options beneath. Then translate into English.

1. ἐστιν οἰκια _____
   (a) τοῦ κριτου.
   (b) τὴν μαχην.
   (c) τῇ νικῃ.
   (d) τῳ νεανιᾳ.

2. ἐστιν ἀγορα _____
   (a) τῶν πολιτων.
   (b) τας χωρας.
   (c) ταις Ἀθηναις.
   (d) ταις θαλασσαις.

3. _____ ἐσμεν
   (a) ποιητης.
   (b) Ἀθηναι.
   (c) στρατιωται.
   (d) οἰκια.

4. οὐκ εἰσι _____
   (a) ἡμεραι.
   (b) ναυται.
   (c) Ἀθηναι.
   (d) ἀγοραι.

5. οἱ των Ἀθηνων _____ εἰσιν ἐν τῃ οἰκιᾳ.
   (a) ἡμεραι
   (b) χωραι
   (c) οἰκιαι
   (d) πολιται

6. εἰμι _____
   (a) κριτης.
   (b) νικη.
   (c) ναυται.
   (d) στρατιωται.

7. ἐστιν _____ ἐν τῃ ἀγορᾳ.
   (a) χωρα
   (b) θαλασσα
   (c) νικη
   (d) οἰκια

8. ἐστι σοφια _____
   (a) τῃ ἀγορᾳ.
   (b) τῃ μαχῃ.
   (c) τῃ θεᾳ.
   (d) τῃ χωρᾳ.

9. ὁ δεσποτης παιδευει _____
   (a) τας νικας.
   (b) τους νεανιας.
   (c) τας φωνας.
   (d) τας θεας.

10. οἱ νεανιαι μενουσιν ἐν _____
    (a) ταις Ἀθηναις.
    (b) ταις θεαις.
    (c) ταις ἡμεραις.
    (d) ταις νικαις.

EXERCISE 4.7

Π		Σ			T			X
		P			X		Σ	
Ω	Ψ			Y				
			Φ		P		X	Σ
	X			Π		Φ		
Σ	P		Y		Ω			
				P			Ω	Φ
	Σ		Ω			X		
X			Π			T		P

Complete this sudoku by adding letters from the Greek alphabet so that the same nine letters exist in each row, each column, and each 3 × 3 box.

EXERCISE 4.8

Complete the following and translate into English:

1. ἐστιν ἐπιστολη ἐν __ ___ κριτου οἰκιᾳ.
2. οἱ ποιητ__ ἐχ____ σοφιαν.
3. οἱ στρατιωτ__ στρατευ____ προς τ__ Ἀθην__.
4. εἰ___ ἐπιστολαι ἐν τῃ του νεανι__ οἰκ__.
5. οἱ στρατιωτ__ παιδευ____ τ___ νεανιας.
6. ἡ στρατι__ μεν__ ἐν τ_ χωρᾳ.
7. ὁ κριτ__ λαμβαν__ τας του νεανι__ ἐπιστολ__.
8. οὐ_ ἐχομεν την του ποιητ__ ἐπιστολ__.
9. οἱ πολιτ__ βαλλ____ την ἐπιστολ__ ἐκ της οἰκι__.
10. ὁ κριτ__ σῳζ__ τας τ__ στρατιωτων ἐπιστολ__.

EXERCISE 4.9

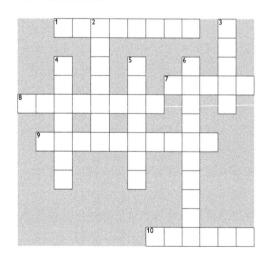

Across
1. οἱ πολιται σῳζουσι τους δ_____. (8)
7. ἡ θεα παυει την μ_____. (5)
8. βαλλω τας ἐπιστολας εἰς την θ_____.[1] (8)
9. οἱ κριται ἀγουσι τους σ_____. (10)
10. οἱ κ_____ θυουσι τῃ θεᾳ. (6)

[1]Remember: in Greek σσ can also be written ττ

Down
2. ἡ σ_____ ἐστιν ἐν τῃ γῃ. (7)
3. ἡ θεα οὐκ ἐχει φ_____. (5)
4. ὁ π_____ μενει ἐν τῃ ἀγορᾳ. (7)
5. οἱ ν_____ μενουσιν ἐν τῃ χωρᾳ. (7)
6. οἱ κριται λ_____ τους ναυτας. (10)

PREPOSITIONS

The following are the prepositions in most common usage in Greek. They change the nouns which accompany them into one of three possible cases. You have already met some of them in passing.

ἀπο + genitive	from	
δια + accusative	because of	
δια + genitive	through	
εἰς + accusative	towards, into	
ἐκ / ἐξ + genitive	out of (ἐξ before a vowel)	
ἐν + dative	in, on	
προς + accusative	towards, against	

> **TIP** Be careful with δια which has two separate meanings depending on the case of the noun with it.

EXERCISE 4.10

Translate into English:

1. ἀπο της ἀγορας
2. ἐν τῃ μαχῃ
3. ἐκ της οἰκιας
4. εἰς τας Ἀθηνας
5. δια τον κριτην
6. δια της χωρας
7. θεραπευομεν την θεαν ἐν τῃ οἰκιᾳ.
8. βαλλει την ἐπιστολην εἰς την θαλασσαν.
9. οἱ πολιται στρατευουσιν ἐκ της γης.
10. παιδευετε τους στρατιωτας ἐν ταις Ἀθηναις.
11. ἀγω τους ναυτας προς την ἀγοραν.
12. δια την νικην ἡ στρατια σῳζει τον δεσποτην.

QUESTIONS

> **TIP** Before a vowel, ἀρα frequently loses its last alpha and becomes ἀρ', so that *Are the young men writing?* would become ἀρ' οἱ νεανιαι γραφουσιν;

In English, when we want to convert a statement into a question, we usually change the verb around so that, for example, *You are going* becomes *Are you going?* In Greek, the sentence stays the same but the question word ἀρα is placed first. The Greek question mark is the same as our semi-colon (;). Study the following:

(statement)	γραφει ἐπιστολην.	He is writing a letter.
(question)	ἀρα γραφει ἐπιστολην;	Is he writing a letter?

NOTES ON THE ARTICLE

Greek often includes the article with proper nouns (αἱ Ἀθηναι) and abstract nouns (ἡ σοφια) where we would simply say *Athens* and *wisdom*. For example, ἡ θεα ἐχει την σοφιαν would mean *The goddess has wisdom*. As always, go for the most natural English translation, but be as accurate as you can.

EXERCISE 4.11

Translate into English:

1. ἆρα παυει την μαχην;
2. ἆρα σῳζεις την χωραν;
3. ἆρα λυουσι τον νεανιαν;
4. ἆρα θυετε τῃ θεᾳ;
5. ἆρ᾽ ἀγεις την στρατιαν;
6. ἆρα λαμβανει τας Ἀθηνας;
7. ἆρα μενεις ἐν τῃ οἰκιᾳ, ὦ δεσποτα;
8. ἆρ᾽ οἱ ποιηται παιδευουσι τους νεανιας;
9. ἆρ᾽ οἱ πολιται εἰσιν ἐν τῃ ἀγορᾳ;
10. ἆρα στρατευετε προς την θαλασσαν, ὦ στρατιωται;

EXERCISE 4.12

Translate the following Greek words into English and give an English word derived from each one.

1. κριτης
2. πολιτης
3. ναυτης
4. θεραπευω

Additional exercises (2)

Try these exercises for extra practice.

EXERCISE 4.13

Translate into English:

1. βαλλομεν τας ἐπιστολας εἰς την θαλασσαν.
2. οἱ νεανιαι μενουσιν ἐν τῃ ἀγορᾳ.
3. ὁ δεσποτης ἀγει τους νεανιας εἰς την θαλασσαν.
4. ὁ κριτης θεραπευει την θεαν ἐν τῃ οἰκιᾳ.
5. οἱ ναυται παυουσι την μαχην.
6. οἱ στρατιωται στρατευουσιν εἰς την θαλασσαν.
7. ὁ πολιτης ἀγει τους νεανιας ἐκ της οἰκιας.
8. ὁ ποιητης γραφει ἐπιστολην ἐν τῃ ἀγορᾳ.
9. οἱ στρατιωται ἀγουσι τους ναυτας εἰς την ἀγοραν.
10. ὁ δεσποτης ἀγει τους στρατιωτας δια της χωρας.
11. οἱ νεανιαι θυουσι τῃ θεᾳ ἐν τῃ οἰκιᾳ.
12. οἱ πολιται λαμβανουσι τους νεανιας ἐν τῃ ἀγορᾳ.
13. οἱ στρατιωται στρατευουσι δια της χωρας.
14. ὁ στρατιωτης ἀγει τον ποιητην προς τας Ἀθηνας.
15. ὁ νεανιας ἀγει τους στρατιωτας ἐκ της μαχης.

EXERCISE 4.14

θ	ι	α	η	ε				δ
			ζ		γ			η
								ι
	ε		η				δ	θ
α			δ	γ	θ			β
δ	γ			β			α	
ζ								
β			γ		ε			
γ				α	δ	β	ζ	ε

Complete this sudoku by adding letters from the Greek alphabet so that the same nine letters exist in each row, each column, and each 3 x 3 box.

EXERCISE 4.15

Translate into Greek:

1. The young man is looking after the judge in the house.
2. They are throwing the letters into the sea.
3. The poets are sacrificing to the goddess because of the victory.
4. The soldiers are marching from the market-place.
5. The sailor frees the soldiers.
6. The sailors are marching through the country.
7. We are remaining in Athens.
8. The citizens honour the goddesses.
9. We have no letters.
10. They are stopping the battle in the country.

EXERCISE 4.16

					κ		π	
	λ		ο			ν	μ	ρ
ν		ξ			μ	σ		
	ο	λ		σ				
ξ			κ	μ	ο			π
				ξ		ρ	σ	
		μ	ρ			ο		ν
ο	ν	ρ			σ		λ	
	ξ		μ					

Complete this sudoku by adding letters from the Greek alphabet so that the same nine letters exist in each row, each column, and each 3 x 3 box.

CLASSICAL GREEK

EXERCISE 4.17

Translate into English:

1. ἀρα γραφεις ἐπιστολην;
2. ἀρ' ἐχει σοφιαν;
3. ἀρα μενετε τον κριτην;
4. ἀρ' ἀγουσι τους στρατιωτας προς την θαλασσαν;
5. ἀρα θυεις τῃ θεᾳ;
6. ἀρα θεραπευουσι την θεαν;
7. ἀρ' εἰσιν οἱ πολιται ἐν τῃ οἰκιᾳ;
8. ἀρα λαμβανουσι τας Ἀθηνας;
9. ἀρα παυει ὁ κριτης την μαχην;
10. ἀρ' ἡ θεα μενει ἐν ταις Ἀθηναις;

EXERCISE 4.18

Translate into Greek:

1. Do you (sing.) have wisdom?
2. Is the judge stopping the battle?
3. Is the poet staying in Athens?
4. Are you (pl.) waiting for the poets?
5. Is the master training the young men?
6. Are the poets in Athens?
7. Is the army marching through the country?
8. Do they have wisdom because of the goddess?
9. Are the soldiers marching from Athens?
10. Are the poets throwing the letters out of the house?

EXERCISE 4.19

						β	ζ	α
	α	θ						ι
ζ	δ	ε	ι					
ε	η			θ	ι	γ		
			ζ		γ			
	θ	α	η				δ	ε
				ι	α	η	ζ
α					γ	ι		
ι	ζ	δ						

Complete this sudoku by adding letters from the Greek alphabet so that the same nine letters exist in each row, each column, and each 3 x 3 box.

EXERCISE 4.20

In each sentence fill the gap with the most suitable of the options beneath. Then translate into English.

1. βαλλουσι τας ἐπιστολας _____ την θαλασσαν.
    (a) ἐκ
    (b) ἀπο
    (c) εἰς
    (d) ἐν

2. οἱ κριται μενουσιν _____ τῃ ἀγορᾳ.
    (a) ἀπο
    (b) ἐκ
    (c) εἰς
    (d) ἐν

3. ὁ στρατιωτης ἀγει τους νεανιας _____ την μαχην.
    (a) δια
    (b) ἀπο
    (c) ἐν
    (d) προς

4. οἱ πολιται ἀγουσι τον ποιητην _____ των Ἀθηνων.
    (a) εἰς
    (b) ἐν
    (c) ἐκ
    (d) προς

5. οἱ ναυται σῳζουσι τον νεανιαν _____ της θαλασσης.
    (a) ἐκ
    (b) εἰς
    (c) δια
    (d) ἐν

6. ὁ νεανιας ἀγει τους στρατιωτας _____ της χωρας.
    (a) εἰς
    (b) δια
    (c) προς
    (d) ἐν

7. ὁ στρατιωτης θυει τῃ θεᾳ _____ τῃ οἰκιᾳ.
    (a) ἐκ
    (b) προς
    (c) δια
    (d) ἐν

8. οἱ νεανιαι ἀγουσι τους στρατιωτας _____ της ἀγορας.
    (a) εἰς
    (b) δια
    (c) προς
    (d) ἐν

9. ἡ θεα σῳζει τον νεανιαν _____ την σοφιαν.
    (a) ἐκ
    (b) ἀπο
    (c) ἐν
    (d) δια

10. ὁ ναυτης βαλλει ἐπιστολην _____ την θαλασσαν.
    (a) εἰς
    (b) ἐν
    (c) ἐκ
    (d) ἀπο

EXERCISE 4.21

Complete the following and translate into English:

1. ἀρ' ἐχ___ την ἐπιστολ__, ὦ νεανια;
2. οὐ_ ἐχω τας του κριτ__ ἐπιστολ__.
3. ἀρ' ἐχ___ δεσποτην, ὦ νεανιαι;
4. ὁ ναυτ__ θυ__ τῃ θε_ ἐν τῃ ἀγορ_.
5. οὐ μενομεν ἐν τῃ χωρ_.
6. οἱ στρατιωτ__ μεν____ δια τ__ νικ__.
7. οὐκ εἰσιν οἰκι__ τοις κριτ___ ἐν τ___ Ἀθην___.
8. οἱ ναυτ__ μεν____ τας τ__ κριτ__ ἐπιστολ__.
9. ἀρ' εἰ__ τοις ναυτ___ οἰκιαι ἐν τ___ Ἀθην___;
10. θεραπευομεν τ__ τ__ δεσποτου οἰκιαν.

VOCABULARY FOUR

εἰμι	I am
ἀρα;	(introduces a direct question)
ἀπο + genitive	from
δια + accusative	because of
δια + genitive	through

Make sure you revise the vocabulary check-lists from chapters two and three as well, plus the present tenses of λυω and εἰμι, and the definite article ὁ / ἡ / το, before moving on to Chapter Five.

CHAPTER FIVE

2ND DECLENSION MASCULINE AND FEMININE NOUNS

All the new nouns which you will meet in this chapter have the same endings as λογος and are mostly masculine in gender. Note that the case endings very closely reflect the masculine of the definite article.

singular		λογος, -ου , m., word
nominative	ὁ	λογος
vocative	(ὠ)	λογε
accusative	τον	λογον
genitive	του	λογου
dative	τῳ	λογῳ
plural		
nominative	οἱ	λογοι
vocative	(ὠ)	λογοι
accusative	τους	λογους
genitive	των	λογων
dative	τοις	λογοις

nouns like λογος	
Ἀθηναιος, m.	Athenian
ἀνθρωπος, m.	man
δουλος, m.	slave
ἰατρος, m.	doctor
ἱππος, m.	horse
ὁδος, f.	road, way
πολεμιοι, m. pl.	enemy
ποταμος, m.	river

TIP Be careful when translating the words for *Athens* and *the Athenians*, which are often confused. The word for *Athens*, αἱ Ἀθηναι, is **feminine**, whereas *the Athenians*, οἱ Ἀθηναιοι, are always **masculine**.

EXERCISE 5.1

Give the case and number of each of these words. Then translate. The basic meaning of each noun is in brackets.

1. τον λογον (word)
2. οἱ δουλοι (slave)
3. τους πολεμιους (enemy)
4. τῳ ἱππῳ (horse)
5. των ἀνθρωπων (man)
6. ὠ ἰατρε (doctor)
7. της ὁδου (road)
8. τοις Ἀθηναιοις (Athenian)
9. του ποταμου (river)
10. ὠ δουλοι (slave)

EXERCISE 5.2

Translate into English:

1. λαμβανει τους ἱππους.
2. οἱ πολεμιοι στρατευουσιν.
3. λυουσι τους δουλους.
4. οἱ Ἀθηναιοι οὐ θυουσιν.
5. ὁ ἰατρος θεραπευει τους πολιτας.
6. οἱ στρατιωται εἰσιν ἐν τῃ ὁδῳ.
7. ἐστι στρατια τοις πολεμιοις.

8. οἱ του κριτου λογοι οὐ παυουσι την μαχην.
9. ὁ δεσποτης μενει τον δουλον ἐν ταις Ἀθηναις.
10. οἱ Ἀθηναιοι ἀγουσι τους ἱππους προς τον ποταμον.

Additional exercises (1)

Here are some extra exercises to give you further practice.

EXERCISE 5.3

β								γ
	ι	α			ε	θ		
		ε	ι		θ	β		
	β			θ			γ	
α	θ		β	η	δ		ε	ι
	δ			ι			η	
		ι	ε		β	α		
	α	δ				η	β	
ζ								δ

Complete this sudoku by adding letters from the Greek alphabet so that the same nine letters exist in each row, each column, and each 3 x 3 box.

EXERCISE 5.4

Translate into English:

1. οἱ Ἀθηναιοι λαμβανουσι τους ἱππους.
2. οἱ πολιται λεγουσι τους του ποιητου λογους.
3. ὁ του δεσποτου δουλος βαλλει τας ἐπιστολας ἐκ της οἰκιας.
4. ὁ ἰατρος θεραπευει τον του κριτου δουλον.
5. ὁ δεσποτης ἀγει τους πολιτας προς τον ποταμον.
6. ὁ ἰατρος θεραπευει τους νεανιας ἐν τῃ οἰκιᾳ.
7. οἱ πολεμιοι μενουσιν ἐν ταις Ἀθηναις.
8. ἡ στρατια στρατευει δια της χωρας.
9. οἱ του δεσποτου ἱπποι εἰσιν ἐν ταις Ἀθηναις.
10. ἡ της σοφιας θεα σῳζει τους πολιτας.
11. οὐκ ἐστι σοφια τῳ δουλῳ.
12. οἱ ἀνθρωποι λαμβανουσι τους του ποιητου ἱππους.
13. ὁ νεανιας βαλλει τας του δεσποτου ἐπιστολας εἰς τον ποταμον.
14. οἱ του ποιητου λογοι παυουσι την μαχην.
15. ὁ νεανιας λαμβανει και παιδευει τον δουλον.

EXERCISE 5.5

Translate into English:

1. οἱ στρατιωται στρατευουσιν ἐν τῃ ὁδῳ.
2. οἱ Ἀθηναιοι νικην οὐκ ἐχουσιν.
3. ἀρ᾽ οἱ πολεμιοι εἰσιν ἐν τῃ χωρᾳ;
4. οἱ νεανιαι εἰσιν ἐν τῳ ποταμῳ.
5. οἱ του ἀνθρωπου δουλοι μενουσιν ἐν τῃ οἰκιᾳ.
6. οἱ των πολεμιων ἱπποι εἰσιν ἐν τῳ ποταμῳ.
7. ὁ κριτης γραφει τους του ποιητου λογους.
8. ὁ του δεσποτου ἰατρος μενει τον κριτην.
9. οἱ στρατιωται σῳζουσι τους ἱππους ἀπο των πολεμιων.
10. οἱ του ἀνθρωπου δουλοι ἀγουσι τους ἱππους προς την θαλασσαν.
11. ἀρα βαλλετε τας ἐπιστολας εἰς τον ποταμον;
12. ὁ κριτης παυει τους του δουλου λογους.
13. ὁ ἰατρος γραφει τους του νεανιου λογους.
14. οἱ πολιται οὐ σῳζουσι τους ναυτας.
15. ὁ δουλος οὐκ ἐχει ἱππους.

EXERCISE 5.6

o	α	δ	ς	η	τ	ι	π	κ	π
ς	ι	θ	ε	α	o	α	γ	ν	o
ς	γ	ζ	δ	σ	κ	τ	ς	υ	ι
ι	ς	μ	ζ	π	π	ρ	β	ψ	η
α	ι	ς	o	λ	υ	o	δ	υ	τ
λ	ν	α	υ	τ	η	ς	τ	β	η
σ	τ	ρ	α	τ	ι	ω	τ	η	ς
ε	υ	ε	π	o	λ	ι	τ	η	ς

Translate the following into Greek and find them in the grid on the left:

citizen, doctor, goddess, master, poet, sailor, slave, soldier

EXERCISE 5.7

Translate into Greek:

1. The citizens are catching the master's horses.
2. Are you (pl.) setting the horses free?
3. Does the doctor have a horse?
4. The enemy aren't remaining in Athens.
5. The master is training the slaves.
6. The goddess saves the soldiers.
7. The enemy's army is in the country.
8. We do not honour the goddess of wisdom.
9. They are in Athens because of the war.
10. The doctor's slaves are waiting for the judge.
11. The poet's words do not save the Athenians.
12. The horses are in the river.
13. We are not setting the enemy's horses free.
14. The slave is writing his master's letters.
15. The poet is not writing the soldier's words.

EXERCISE 5.8

θ		ε		ζ		η		α
β	ι						θ	ζ
			α					
	α	θ	ι		β	ε	ζ	
ε								θ
	ζ	δ	θ		α	β	ι	
				θ				
ζ	θ						δ	η
α		γ		β		θ		ι

Complete this sudoku by adding letters from the Greek alphabet so that the same nine letters exist in each row, each column, and each 3 × 3 box.

EXERCISE 5.9

In each sentence fill the gap with the most suitable of the options beneath. Then translate into English.

1. ὁ ἰατρος _____ τον του ἀνθρωπου δουλον.
    (a) λεγει
    (b) γραφει
    (c) θεραπευει
    (d) βαλλει

2. οἱ ἀνθρωποι λαμβανουσι τους _____ ἱππους.
    (a) της ὁδου
    (b) του πολιτου
    (c) της φωνης
    (d) του λογου

3. οἱ Ἀθηναιοι _____ τας του ἰατρου ἐπιστολας.
    (a) θεραπευουσι
    (b) βαλλουσι
    (c) στρατευουσι
    (d) γραφουσι

4. οἱ των πολεμιων ἱπποι εἰσιν ἐν τῃ _____
    (a) ἡμερᾳ.
    (b) φωνῃ.
    (c) οἰκιᾳ.
    (d) ἀγορᾳ.

5. οἱ του δεσποτου δουλοι εἰσιν ἐν _____
    (a) τῳ λογῳ.
    (b) τῳ ποταμῳ.
    (c) τῳ ἱππῳ.
    (d) τῳ ἰατρῳ.

6. οἱ στρατιωται _____ τους ἱππους ἐκ του ποταμου.
    (a) βαλλουσι
    (b) ἀγουσι
    (c) μενουσι
    (d) παιδευουσι

7. ὁ ἰατρος _____ τους του ἀνθρωπου λογους.
    (a) ἀγει
    (b) γραφει
    (c) θυει
    (d) λυει

8. οἱ ἰατροι _____ τους του δεσποτου δουλους.
    (a) θεραπευουσι
    (b) ἀγετε
    (c) θυουσι
    (d) λυει

9. ἡ στρατια στρατευει _____
    (a) ἐν τῃ οἰκιᾳ.
    (b) ἐν τῃ ὁδῳ.
    (c) εἰς τον ποταμον.
    (d) δια την ἡμεραν.

10. οἱ πολεμιοι _____ τους στρατιωτας προς τον ποταμον.
    (a) στρατευουσι
    (b) μενουσι
    (c) λαμβανουσι
    (d) ἀγουσι

EXERCISE 5.10

	π			ψ	υ	ς		
	ω					π	ρ	
υ		φ	τ			ω		ψ
		υ	χ		π			ω
				υ				
ψ			ω		τ	ς		
π		ρ			χ	τ		ς
χ	τ					ρ		
	ψ	ς	ρ			π		

Complete this sudoku by adding letters from the Greek alphabet so that the same nine letters exist in each row, each column, and each 3 × 3 box.

EXERCISE 5.11

Match the following and translate into English:

1. οἱ ἰατροι
2. ὁ ἱππος
3. οἱ πολεμιοι εἰσιν
4. ἀγει την των πολεμιων
5. οὐκ εἰσι τοις πολεμιοις
6. οἱ του
7. οἱ νεανιαι ἀγουσι τους
8. ἡ θεα

(a) μενει ἐν τῃ ἀγορᾳ.
(b) στρατιαν.
(c) ἱπποι.
(d) δεσποτου δουλοι μενουσιν.
(e) δουλους προς τον ποταμον.
(f) θεραπευουσι τους νεανιας.
(g) σῳζει τους πολιτας.
(h) ἐν ταις Ἀθηναις.

EXERCISE 5.12

Complete the following with the correct word ending and translate into English:

1. ὁ ἰατρ__ θεραπευ__ τον νεανι__.
2. οἱ ἱππ__ μεν_____ ἐν τῳ ποταμ_.
3. οἱ του ἀνθρωπ__ δουλ__ λυ____ τους ἱππ___.
4. οἱ των πολεμι__ ἱππ__ ε____ ἐν τ_ ποταμῳ.
5. οἱ του δεσποτ__ δουλ__ βαλλ____ τας ἐπιστολ__ εἰς την ὁδ__.
6. οἱ πολιτ__ οὐ μεν_____ ἐν τ___ Ἀθην___.
7. οἱ ναυτ__ σῳζ____ τον νεανι__ ἐκ τ__ θαλασσ__.
8. οἱ πολεμι__ οὐ θυ____ τῃ θε_.
9. οἱ των ἀνθρωπ__ ἱππ__ μεν_____ ἐν τῃ ὁδ_.
10. ὁ δεσποτ__ σῳζ__ τους τ__ ἀνθρωπου δουλ___.

EXERCISE 5.13

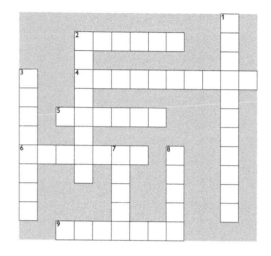

Across

2. ὁ νεανιας λαμβανει τον δ_____. (6)
4. οἱ σ_____ θυουσι τῃ θεᾳ. (10)
5. ὁ πολιτης παυει τους του δουλου
   λ_____. (6)
6. οἱ πολεμιοι μ_____ δια την μαχην. (7)
9. ἀγομεν τον ἱππον προς τον π_____. (7)

Down

1. οἱ ἰατροι θ_____ τους νεανιας. (11)
2. ὁ του δ_____ ἰατρος λυει τους ἱππους.
   (8)
3. οἱ π_____ μενουσιν ἐν ταις Ἀθηναις.
   (8)
7. οὐκ ἐστι σ_____ τῳ δεσποτῃ. (5)
8. ν_____ ἐχομεν ἐν τῃ χωρᾳ. (5)

2ND DECLENSION NEUTER NOUNS

All the neuter nouns which you will meet in this book end in '-ον'
and change their endings like δωρον, below.

> **TIP** Note that the case endings are the same as the neuter form of the definite article, except for the nominative, vocative and accusative singular.

		δωρον, -ου, n., gift
singular		
nominative	το	δωρον
vocative	(ὠ)	δωρον
accusative	το	δωρον
genitive	του	δωρου
dative	τῳ	δωρῳ
plural		
nominative	τα	δωρα
vocative	(ὠ)	δωρα
accusative	τα	δωρα
genitive	των	δωρων
dative	τοις	δωροις

nouns like δωρον	
δενδρον	tree
ἐργον	work, action
ζῳον	animal
τεκνον	child
πλοιον	boat
ὁπλα (pl.)	weapons

NEUTER PLURAL TAKES A SINGULAR VERB

One odd feature of Greek which you will come across is that subjects which are neuter plural take 3rd person *singular* verbs with them. For *The boats are in the sea*, Greek says *The boats is in the sea*, or *τα πλοια ἐστιν ἐν τῃ θαλασσῃ*. However, the article will tell you whether a neuter subject is singular (*το*) or plural (*τα*).

EXERCISE 5.14

Give the case and number of the definite article with each of these words. Then translate. Give more than one case if appropriate. The basic meaning of each noun is given in brackets.

1.	*του δωρου*	(gift)	5.	*τῳ ἐργῳ*	(work)
2.	*τα πλοια*	(boat)	6.	*ὠ τεκνον*	(child)
3.	*τῳ δενδρῳ*	(tree)	7.	*του ζῳου*	(animal)
4.	*τοις ὁπλοις*	(weapons)	8.	*το πλοιον*	(boat)

DATIVE OF INSTRUMENT

It is worth remembering at this point that the dative case, in Greek, as well as meaning *to* and *for* can also mean *by* or *with* (non-living things). This instrumental use of the dative is less common, but can sometimes be the only correct translation, as in *παιδευομεν τα τεκνα τῃ σοφιᾳ*, *We train the children with wisdom*. In translation work, write whatever makes the best sense to you.

EXERCISE 5.15

Translate into English:

1. *λυετε τα ζῳα.*
2. *το τεκνον γραφει.*
3. *ἐχομεν το δωρον.*
4. *οὐκ ἐστι δενδρα ἐν τῃ ἀγορᾳ.*
5. *τα τεκνα λαμβανει τον ἱππον.*
6. *οὐκ ἐστιν ὁπλα τῃ στρατιᾳ.*
7. *ἀρ' οἱ ἰατροι θεραπευουσι τα τεκνα;*
8. *τα των στρατιωτων ἐργα σῳζει τας Ἀθηνας.*
9. *οἱ ναυται βαλλουσι τα ὁπλα εἰς το πλοιον.*
10. *οἱ δουλοι θεραπευουσι την θεαν τοις δωροις.*

EXERCISE 5.16

Translate the following Greek words into English and give an English word derived from each one.

1. *ἱππος*
2. *λογος*
3. *ἰατρος*
4. *βαλλω*

CLASSICAL GREEK

Additional exercises (2)

Make sure you have plenty of practice before moving to the next subject.

EXERCISE 5.17

			E	H			Z
	A	Γ		Δ		E		
	Z	Δ	H		E	B	A	
	Θ		Z		I		H	
	B	E	Θ		A	Γ	Z	
	Δ		A		B		I	
E			I		Γ			B

Complete this sudoku by adding letters from the Greek alphabet so that the same nine letters exist in each row, each column, and each 3 × 3 box.

EXERCISE 5.18

Translate into English:

1. τα τεκνα βαλλει τα ὁπλα εἰς την θαλασσαν.
2. τα των τεκνων ἐργα σῳζει τους Ἀθηναιους.
3. ὁ νεανιας λαμβανει τα του τεκνου δωρα.
4. τα των ναυτων ὁπλα ἐστιν ἐν τῳ πλοιῳ.
5. τα τεκνα ἀγει τα ζῳα προς τα δενδρα.
6. ἐστι πλοια ἐν τῳ ποταμῳ.
7. ὁ δεσποτης ἐστιν ἐν τῃ του νεανιου οἰκιᾳ.
8. ἐστι δωρα τοις τεκνοις.
9. ὁ δουλος βαλλει τα του τεκνου δωρα ἐκ της οἰκιας.
10. ὁ δεσποτης δωρῳ θεραπευει την θεαν.

EXERCISE 5.19

Translate into English:

1. ἀρα τα των στρατιωτων ὁπλα ἐστιν ἐν τῳ πλοιῳ;
2. ὁ στρατιωτης παιδευει τα του κριτου τεκνα.
3. τα των στρατιωτων ὁπλα ἐστιν ἐν τῃ οἰκιᾳ.
4. οὐκ ἐστι πλοια ἐν τῃ ἀγορᾳ.
5. ὁ ναυτης βαλλει τα ὁπλα εἰς την οἰκιαν.
6. τα των πολιτων ζῳα ἐστιν ἐν τῃ ἀγορᾳ.
7. ὁ νεανιας λαμβανει τα των στρατιωτων ὁπλα.
8. το του πολιτου ζῳον οὐκ ἐστιν ἐν τῃ οἰκιᾳ.
9. οὐκ ἐστι τοις τεκνοις ὁπλα.
10. τα των Ἀθηναιων πλοια μενει ἐν τῳ ποταμῳ.

EXERCISE 5.20

Translate into Greek:

1. We honour the actions of the soldiers.
2. We do not take the enemy's weapons.
3. Are the children in the house?
4. The young man is throwing the weapons into the boat.
5. The soldiers are leading the animals from the sea.
6. The poet is training the children by means of presents.
7. The goddess stops the battle with the words.
8. The sailors are leading the animals towards the boats.
9. The children set the animals free from the market-place.
10. The judge does not stop the citizens' actions.

EXERCISE 5.21

In each sentence fill the gap with the most suitable of the options beneath. Then translate into English.

1. παιδευομεν τα _____ ἐν τῃ οἰκιᾳ.
   (a) τεκνα
   (b) δενδρα
   (c) πλοια
   (d) δωρα

2. λυετε τα _____ ἐκ της οἰκιας.
   (a) δωρα
   (b) πλοια
   (c) ἐργα
   (d) ζῳα

3. τα ζῳα _____ ἐν τῃ ἀγορα.
   (a) σῳζει
   (b) ἐχει
   (c) βαλλει
   (d) μενει

4. οἱ πολεμιοι οὐ _____ εἰς την θαλασσαν.
   (a) παιδευουσιν
   (b) στρατευουσιν
   (c) ἀγουσιν
   (d) μενουσιν

5. τα τεκνα θυει _____
   (a) τῳ δενδρῳ.
   (b) τῃ ἡμερᾳ.
   (c) τῃ θεᾳ.
   (d) τῳ δωρῳ.

6. οὐκ ἐστι _____ τοις τεκνοις.
   (a) ἡμερα
   (b) πολιτης
   (c) δωρα
   (d) θαλασσα

7. ὁ ἰατρος θεραπευει τα ζῳα ἐν _____
   (a) ταις Ἀθηναις.
   (b) τοις δουλοις.
   (c) ταις φωναις.
   (d) τοις ὁπλοις.

8. οἱ στρατιωται _____ τα ζῳα δια της ἀγορας.
   (a) παυουσι
   (b) ἀγουσι
   (c) λεγουσι
   (d) μενουσι

9. ἀρ’ οἱ πολιται _____ ἐν τῃ ἀγορᾳ;
   (a) λαμβανουσιν
   (b) ἐχουσιν
   (c) μενουσιν
   (d) ἀγουσιν

10. _____ οὐκ ἀγει τους στρατιωτας εἰς την ἀγοραν.
    (a) τα ὁπλα
    (b) τα τεκνα
    (c) τα δενδρα
    (d) τα ζῳα

EXERCISE 5.22

Match the following and translate into English:

1.	οἱ ἰατροι θεραπευουσι	(a)	τα ὁπλα εἰς το πλοιον.
2.	οἱ ναυται βαλλουσι	(b)	Ἀθηναιων ὁπλα ἐστιν ἐν τῳ πλοιῳ.
3.	τα τεκνα	(c)	των πολεμιων ἱππους.
4.	τα των ναυτων	(d)	την θεαν τοις δωροις.
5.	τα τεκνα θυει	(e)	πλοια μενει ἐν τῳ ποταμῳ.
6.	τα των	(f)	τεκνου δωρα ἐκ της οἰκιας.
7.	οἱ στρατιωται	(g)	λαμβανει τον ἱππον.
8.	οἱ πολεμιοι οὐ μενουσιν	(h)	ἀγουσι τα ζωα δια της χωρας.
9.	λυομεν τους	(i)	ἐν τῃ χωρᾳ.
10.	ὁ δουλος βαλλει τα του	(j)	τῃ θεᾳ.

EXERCISE 5.23

ψ	ἐ	ρ	γ	α	α	ρ	χ	ε	ζ
ν	ὁ	ψ	ι	ν	ρ	ρ	ω	ο	ρ
δ	π	ο	ζ	κ	ω	δ	χ	σ	θ
χ	λ	ω	π	ε	δ	ζ	ν	ς	θ
π	α	υ	φ	τ	ς	θ	α	ε	η
θ	μ	ω	σ	η	κ	θ	υ	ς	δ

Translate the following into Greek and find them in the grid on the left:

actions, animals, boats, children, gifts, trees, weapons

🏛 IMPERFECT TENSE: λυω

It is time now to meet a new tense, the imperfect. This tense is usually translated as *was* or *were* doing something. As well as employing separate imperfect tense endings, Greek also adds an epsilon to the *front* of the verb to indicate that a past tense is being used. This is called an *augment*. Study the imperfect tense of λυω below: hyphens have been inserted to indicate the additions before and after the verb stem.

ἐ-λυ-ον	I was setting free
ἐ-λυ-ες	you were setting free
ἐ-λυ-ε(ν)	he/she/it was setting free
ἐ-λυ-ομεν	we were setting free
ἐ-λυ-ετε	you were setting free
ἐ-λυ-ον	they were setting free

TIP Note that the 1st person singular and 3rd person plural forms are identical; the sense of the sentence will make it clear which of the two meanings is more appropriate.

Note that the translations given above are not the only way to translate the imperfect. Sometimes it can be more appropriate to say *I used to set free* etc., and sometimes the English simple past will be the best translation, e.g. ἐμενον ἐν τῃ οἰκιᾳ = I stayed in the house. Here the imperfect indicates that I stayed in the house *over a period of time*.

Try to memorise the imperfect tense of λυω as quickly as you can.

EXERCISE 5.24

Practise saying the imperfect tenses of the following new verbs in full. They all have the same pattern as λυω. Hyphens have been inserted to show you where the endings should be added.

1. διωκ-ω   (I pursue)   4. πεμπ-ω   (I send)
2. κωλυ-ω   (I obstruct)   5. φευγ-ω   (I run away)
3. πειθ-ω   (I persuade)   6. φυλασσ-ω   (I guard)

EXERCISE 5.25

The questions below present a mixture of verbs in the present and imperfect tenses. Translate each verb and indicate whether it is present or imperfect tense. For some verbs there may be more than one correct translation.

1. βαλλει.   6. λεγετε.
2. ἐβαλλεν.   7. ἐπαιδευον.
3. ἐγραφες.   8. ἐθυομεν.
4. γραφεις.   9. ἐστιν.
5. ἐλεγετε.   10. ἐχουσιν.

EXERCISE 5.26

Translate into English:

1. ἐπαυομεν την μαχην.
2. οἱ νεανιαι ἐστρατευον.
3. ἐπαιδευε τα τεκνα.
4. οὐκ ἐμενετε ἐν τῃ οἰκιᾳ.
5. ὁ στρατιωτης ἐθυε ταις θεαις.
6. ἐγραφες λογους ἐν τῃ βιβλῳ.
7. οἱ του κριτου λογοι ἐσῳζον το τεκνον.
8. οἱ δουλοι ἐλυον τα ζῳα ἀπο της οἰκιας.
9. ἡ στρατια ἐστρατευεν ἐκ της των βαρβαρων χωρας.
10. οἱ Ἀθηναιοι ἐθεραπευον τον ποιητην δια την σοφιαν.

EXERCISE 5.27

Translate the following Greek words into English and give an English word derived from each one.

1. βιβλος
2. βιος
3. δημος
4. ζῳον

CLASSICAL GREEK

Additional exercises (3)

Here are some extra exercises to ensure you have plenty of practice.

EXERCISE 5.28

Translate into English:

1. οἱ βαρβαροι οὐκ ἐπαυον την μαχην.
2. ὁ δουλος ἐκωλυε τους ἱππους τοις ὁπλοις.
3. ἀρ' ἐπειθες τον κριτην τοις δωροις;
4. οἱ στρατιωται ἐκωλυον τα τεκνα τοις ὁπλοις.
5. ἡ θεα ἐσῳζε τον νεανιαν.
6. οἱ βαρβαροι ἐπειθον τα τεκνα τοις δωροις.
7. οἱ στρατιωται ἐσῳζον τους πολιτας τοις ὁπλοις.
8. οἱ πολιται ἐφευγον εἰς τον ποταμον.
9. οἱ πολιται ἐπειθον τους πολεμιους τοις λογοις.
10. τα των πολεμιων ἐργα ἐκωλυε τους ἰατρους.

EXERCISE 5.29

Translate into English:

1. οἱ δουλοι ἐφευγον εἰς τας Ἀθηνας.
2. ἐπεμπομεν δουλους προς τον δεσποτην.
3. οἱ νεανιαι ἐδιωκον τα τεκνα δια της ἀγορας.
4. οἱ ποιηται ἐπεμπον βιβλους προς τον κριτην.
5. οἱ της χωρας πολιται οὐκ ἐφυλασσον τον ποταμον.
6. οἱ νεανιαι οὐκ ἐφυλασσον τα ζῳα ἀλλ' ἐλυον.
7. ἡ στρατια ἐδιωκε τους πολεμιους δια της χωρας.
8. ὁ ποιητης οὐκ ἐπεμπε τας βιβλους προς τους πολιτας.
9. οἱ στρατιωται οὐκ ἐφυλασσον τας Ἀθηνας ἀλλ' ἐφευγον.
10. ἡ θαλασσα ἐκωλυε τους Ἀθηναιους.

EXERCISE 5.30

Put the verbs into the imperfect and the nouns into the plural.

1. ὁ ποιητης πειθει τον πολιτην.
2. ὁ κριτης πεμπει ἐπιστολην.
3. ἡ στρατια φυλασσει την ὁδον.
4. ὁ δουλος διωκει τον ἱππον.
5. το τεκνον φευγει.
6. ἀρα στρατευετε εἰς την ἀγοραν;
7. ὁ ἀνθρωπος λυει τον ἱππον.
8. ὁ νεανιας πεμπει βιβλον προς τον κριτην.
9. ὁ ἰατρος οὐ πειθει το του δεσποτου τεκνον.
10. το του δουλου ἐργον κωλυει τον στρατιωτην.

EXERCISE 5.31

Match the following and translate into English:

1.	οἱ δουλοι ἐφευγον	(a)	ἐργα ἐπειθε τον δουλον.
2.	τα του κριτου	(b)	ἐλυον τους ἱππους.
3.	ἀρ' ἐπεμπες δωρα	(c)	τους ἱππους.
4.	ἐπεμπομεν	(d)	τῃ οἰκιᾳ.
5.	οἱ βαρβαροι οὐκ	(e)	τοις δωροις.
6.	ὁ κριτης ἐκωλυε τους	(f)	προς τους πολεμιους;
7.	τα των πολιτων τεκνα	(g)	των πολιτων ἱππους.
8.	ἐπειθον τους πολιτας	(h)	ἐφευγε δια της χωρας.
9.	οἱ ἰατροι ἐθεραπευον	(i)	προς την θαλασσαν.
10.	οὐκ εἰσι βιβλοι ἐν	(j)	βιβλους εἰς τας Ἀθηνας.

EXERCISE 5.32

Translate into Greek:

1. The books are in the house.
2. The men used to send books to the Athenians.
3. The enemy were pursuing the soldiers to the sea.
4. The children were obstructing the animals.
5. The words of the poet were persuading the citizens.
6. The horses were obstructing the enemy.
7. The barbarians used to send slaves out of the country.
8. The people didn't use to sacrifice to the barbarians' goddesses.
9. The soldiers were guarding the houses with their weapons.
10. The children were running away from the trees.

EXERCISE 5.33

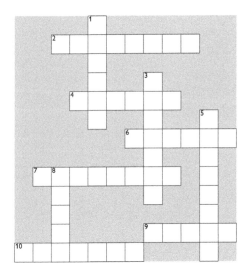

Across
2. οἱ β_____ οὐκ ἐχουσιν ἱππους. (8)
4. ὁ δ_____ μενει ἐν τῃ ἀγορᾳ. (6)
6. αἱ β_____ εἰσιν ἐν τῃ οἰκιᾳ. (6)
7. τα του δουλου ἐργα ἐκωλυε την
   σ_____ (8)
9. ὁ δ_____ μενει ἐν τῃ ἀγορᾳ. (5)
10. ὁ ν_____ ἐκωλυε την ὁδον τοις
   ὁπλοις. (7)

Down
1. ὁ του κ_____ ἰατρος ἐπεμπε τας
   ἐπιστολας. (6)
3. οἱ π_____ ἐθυον τοις θεοις. (7)
5. οἱ π_____ ἐφευγον προς τον ποταμον.
   (8)
8. οἱ βαρβαροι ἐπειθον τα τ_____ τοις
   δωροις. (5)

CLASSICAL GREEK

VOCABULARY FIVE

Note that this list contains a number of words not yet encountered. Familiarity with them will be assumed from this point on.

Ἀθηναιος, -ου, m.	an Athenian	θεος, -ου, m.	god
ἀνθρωπος, -ου, m.	man, human being	ἰατρος, -ου, m.	doctor
		ἱππος, -ου, m.	horse
βαρβαροι, -ων, m. pl.	barbarians	λογος, -ου, m.	word
βιβλος, -ου, f.	book	ὁδος, -ου, f.	road, way
βιος, -ου, m.	life	πολεμιοι, -ων, m. pl.	enemy
δημος, -ου, m.	people	ποταμος, -ου, m.	river
δουλος, -ου, m.	slave		
ἀδελφος, -ου, m.	brother	νοσος, -ου, f.	disease
ἡλιος, -ου, m.	sun	ξενος, -ου, m.	friend, stranger
θανατος, -ου, m.	death	στρατηγος, -ου, m.	general
κινδυνος, -ου, m.	danger	ὑπνος, -ου, m.	sleep
νησος, -ου, f.	island		
δενδρον, -ου, n.	tree	ὁπλα, -ων, n. pl.	weapons
δωρον, -ου, n.	gift, present	πλοιον, -ου, n.	boat
ἐργον, -ου, n.	work, action	τεκνον, -ου, n.	child
ζῳον, -ου, n.	animal		
διωκω	I pursue	πεμπω	I send
κωλυω	I obstruct, prevent (+ inf.)	φευγω	I run away
		φυλασσω	I guard
πειθω	I persuade		

CHAPTER SIX

𖤥 ADJECTIVES

Adjectives in English do not usually change their appearance in any way to match the word which they describe. The word *good*, for example, can be used to describe any number of people, be they masculine or feminine, without any alteration to its spelling. However, in Greek, as in Latin, adjectives change their ending to match the *gender, number* and *case* of the person or thing they describe.

The adjective σοφος

Study the various forms of σοφος, below. Although there appears to be a lot to take in all at once, notice that most of the endings are the same as the equivalent forms of the definite article.

σοφος, -η, -ον, wise			
singular	**m.**	**f.**	**n.**
nominative	σοφος	σοφη	σοφον
vocative	σοφε	σοφη	σοφον
accusative	σοφον	σοφην	σοφον
genitive	σοφου	σοφης	σοφου
dative	σοφῳ	σοφῃ	σοφῳ
plural			
nominative	σοφοι	σοφαι	σοφα
vocative	σοφοι	σοφαι	σοφα
accusative	σοφους	σοφας	σοφα
genitive	σοφων	σοφων	σοφων
dative	σοφοις	σοφαις	σοφοις

adjectives like σοφος	
ἀγαθος	good
δεινος	strange, terrible
κακος	bad
χαλεπος	difficult, dangerous
καλος	beautiful, fine

Use and position of adjectives

The adjective is usually found between the article and its noun, as in English. For example, *the good slave* would be ὁ ἀγαθος δουλος. Without the article, ἀγαθος δουλος would mean a *good slave*.

The article is often used with adjectives to show a class of people, for example οἱ ἀγαθοι, *the good* or *good men* and οἱ κακοι, *the bad* or *bad men*.

EXERCISE 6.1

Translate the phrases and give the gender, number and case of the adjective in each one. Give more than one case if appropriate.

1. ὁ σοφος κριτης.
2. τον ἀγαθον ναυτην.
3. αἱ δειναι φωναι.

4. της χαλεπης ὁδου.
5. τα κακα τεκνα.
6. ταις καλαις νησοις.

EXERCISE 6.2

Translate into English:

1. ὁ νεανιας σοφος ἐστιν.
2. ἐστε ἀγαθοι πολιται.
3. αἱ Ἀθηναι εἰσι καλαι.
4. ἐθυες τῳ δεινῳ θεῳ.
5. ἐστι καλη νικη τοις Ἀθηναιοις.
6. τα ὁπλα ἐστι χαλεπα και δεινα.
7. τα του στρατηγου ἐργα ἐστιν ἀγαθα.
8. οἱ κακοι οὐ κωλυουσι τους πολεμιους.
9. εἰσι δεινοι κινδυνοι ἐν τῳ ποταμῳ.
10. ὁ δεσποτης ἐπειθε τους δουλους σοφοις λογοις.

EXERCISE 6.3

Translate the following Greek words into English and give an English word derived from each one.

1. ὑπνος
2. ἡλιος

3. στρατηγος
4. θεος

The adjective φιλιος

Adjectives which end in '-ιος' or '-ρος', like φιλιος, below, replace the eta (η) with an alpha (α) in their feminine singular forms, but are otherwise similar to σοφος.

φιλιος, -α, -ον, friendly			
singular	**m.**	**f.**	**n.**
nominative	φιλιος	φιλια	φιλιον
vocative	φιλιε	φιλια	φιλιον
accusative	φιλιον	φιλιαν	φιλιον
genitive	φιλιου	φιλιας	φιλιου
dative	φιλιῳ	φιλιᾳ	φιλιῳ
plural			
nominative	φιλιοι	φιλιαι	φιλια
vocative	φιλιοι	φιλιαι	φιλια
accusative	φιλιους	φιλιας	φιλια
genitive	φιλιων	φιλιων	φιλιων
dative	φιλιοις	φιλιαις	φιλιοις

adjectives like *φιλιος*	
ἀνδρειος	brave
δικαιος	just, right
μικρος	small
μακρος	long

EXERCISE 6.4

Translate into English. The adjectives used are all listed above.

1. οὐκ ἐστε φιλιοι.
2. ἡ ἡμερα ἐστι μακρα.
3. οἱ ἀδελφοι ἀνδρειοι εἰσιν.
4. σῳζομεν τα μικρα ζῳα.
5. ὁ ξενος λεγει φιλιᾳ φωνῃ.
6. οἱ του κριτου λογοι δικαιοι εἰσιν.
7. ἐστι τῳ ναυτῃ μικρον πλοιον.
8. οἱ πολιται ἐφυλασσον την μικραν νησον.
9. οἱ βαρβαροι οὐ φιλιοι εἰσι τοις Ἀθηναιοις.
10. ἀρα διωκεις τους πολεμιους προς την μακραν ὁδον;

Additional exercises (1)

More exercises to ensure you are familiar with the forms.

EXERCISE 6.5

		π				ρ	μ
	ξ		μ			ν		κ
		μ		λ		ξ	π	
σ	λ			π				
		ρ	ο	ν	λ	κ		
				ξ			λ	ρ
	σ	ν		κ		ρ		
λ		ο			π		κ	
κ	μ				σ			

Complete this sudoku by adding letters from the Greek alphabet so that the same nine letters exist in each row, each column, and each 3 x 3 box.

EXERCISE 6.6

Translate into English:

1. οἱ πολιται νυν (**now**) ἀνδρειοι εἰσιν.
2. ἐστε κακα τεκνα.
3. ἐθυομεν τῳ δεινῳ θεῳ.
4. εἰσι καλαι νικαι τοις βαρβαροις.
5. τα των πολεμιων ὁπλα ἐστι δεινα.

6. τα των στρατηγων ἐργα κακα ἐστιν.
7. εἰσι δεινοι κινδυνοι ἐν ταις Ἀθηναις.
8. οἱ ποιηται ἐπειθον τους πολιτας σοφοις λογοις.
9. ὁ δουλος ἐθυε δεινῳ θεῳ.
10. οἱ ἀνθρωποι ἐδιωκον τα δεινα ζῳα.
11. οἱ των Ἀθηνων πολιται νυν κακοι εἰσιν.
12. ἐστι δεινη νοσος ἐν τῃ μικρᾳ νησῳ.
13. ὁ του στρατηγου ἀδελφος ἐφυλασσε την νησον.
14. ὁ στρατηγος ἐδιωκε τους ξενους.
15. ὁ ἡλιος χαλεπος ἐστι τοις της νησου ἀνθρωποις.

EXERCISE 6.7

Translate into English:

1. ὁ ὑπνος ἐκωλυε τον στρατηγον.
2. οἱ ξενοι ἐφευγον εἰς τα δενδρα.
3. ὁ του στρατηγου θανατος ἐπαυε την μαχην.
4. ὁ των βαρβαρων στρατηγος ἐσῳζε τους δουλους ἀπο του κινδυνου.
5. οἱ ξενοι ἐκωλυον τον του δουλου θανατον.
6. ἡ νησος καλη ἐστιν ἀλλ᾽ ἡ θαλασσα δεινη.
7. ὁ σοφος ποιητης ἐπειθε τους Ἀθηναιους τοις λογοις.
8. οἱ κακοι κωλυουσι την σοφιαν.
9. ὁ του ποιητου ἀδελφος ἐμενε τους βαρβαρους.
10. ὁ ἡλιος καλος ἐστιν ἀλλ᾽ ἡ γη δεινη.
11. οἱ ἀνδρειοι οὐ φευγουσι τας νοσους.
12. ἐστι δεινος κινδυνος ἐν τῃ νησῳ.
13. ἡ ἐν τῃ νησῳ ὁδος ἐστι χαλεπη.
14. ὁ ἡλιος χαλεπος ἐστι τοις ἱπποις.
15. οἱ του δεσποτου λογοι οὐ δικαιοι εἰσιν.

EXERCISE 6.8

μ	α	κ	ρ	ο	ς	ς	φ	ι	σ
ι	η	ζ	τ	ς	ο	ν	ι	ε	δ
κ	η	μ	κ	ι	π	σ	λ	β	π
ρ	α	λ	α	α	ε	ο	ι	ξ	φ
ο	η	κ	β	ι	λ	φ	ο	λ	δ
ς	ι	ι	ο	λ	α	ο	ς	ο	ξ
δ	ω	λ	ι	ς	χ	ς	ς	ξ	ψ

Translate the following into Greek and find them in the grid on the left:

bad, beautiful, difficult, friendly, just, long, small, strange, wise

EXERCISE 6.9

Translate into Greek:

1. Young men are not wise.
2. You are bad citizens.
3. The country is strange and dangerous.
4. The barbarians were sacrificing to strange gods.
5. The islands are small but beautiful.
6. There are (some) beautiful trees on the island.
7. The road is long but not difficult.
8. Do the words of the bad poet persuade the strangers, O citizens?
9. The actions of the slaves are strange.
10. There are now fine horses in the country.

EXERCISE 6.10

Translate into Greek:

1. Good men persuade by their actions.
2. There are strange voices in the house.
3. The poets used to persuade the citizens by their wise words.
4. The barbarians have strange weapons.
5. The doctor did not cure the terrible disease.
6. The brave general used to persuade the soldiers by his actions.
7. The sun is dangerous for the young men.
8. The enemy were fleeing death and disease.
9. Were you guarding the strange animals, soldiers?
10. I didn't persuade the citizens by my actions.

EXERCISE 6.11

Complete the sentences and translate them into English:

1. οἱ κακοι οὐ διωκ____ την σοφι__.
2. ὁ του στρατηγ__ ἀδελφ__ ἐφευγ__ εἰς την καλ__ νησ__.
3. οἱ του στρατιωτ__ ἀδελφ__ οὐ φιλι__ εἰσιν.
4. οἱ φιλι__ ξεν__ ἐπειθ__ τ__ δεσποτην τοις λογ___.
5. ἡ ___ ποιητου φων_ καλ_ ἐστιν.
6. οἱ κακ__ ξεν__ ἐμεν__ ἐν τοις πλοι___.
7. αἱ βιβλ__ οὐκ ἐ____ ἐν τῃ οἰκι_.
8. οἱ θε__ οὐ δικαι__ ἐ___ τοις πολιτ___.
9. ὁ ποταμ__ μικρ__ ἐστιν, ἀλλ' ὁ κινδυν__ δειν__.
10. τα δειν_ ζῳ_ ἐφευγ__ ἀπο της χωρ___.

EXERCISE 6.12

ρ			κ		μ	ο	ξ	
σ		ρ						
ξ	π			ρ				
			σ		μ			
λ		κ	ν	ο			σ	
	ν		ρ					
	λ				ξ		μ	
			λ				π	
ο	ξ	ρ		π			λ	

Complete this sudoku by adding letters from the Greek alphabet so that the same nine letters exist in each row, each column, and each 3 × 3 box.

EXERCISE 6.13

Match the following and translate into English:

1. ὁ του στρατηγου
2. οἱ ἰατροι ἐθεραπευον
3. ὁ ἡλιος
4. ὁ κινδυνος δεινος
5. οἱ στρατιωται
6. τα του
7 ἐπειθομεν τους πολιτας
8. εἰσι δεινοι κινδυνοι
9. ἐθυον
10. ἡ ὁδος

(a) την νοσον.
(b) ἐστιν.
(c) δημου ἐργα καλα ἐστιν.
(d) ἐν τῃ θαλασσᾳ.
(e) ἀδελφος ἐμενεν ἐν τῃ οἰκιᾳ.
(f) καλοις λογοις.
(g) ἐλαμβανον τα πλοια.
(h) ἐβλαπτε τα τεκνα.
(i) χαλεπη ἐστιν.
(j) τῳ δεινῳ θεῳ.

THE FUTURE TENSE: λυω

The future tense is easy to identify and remember. It is usually translated as *shall* or *will* do something. The future tense in Greek is formed simply by adding a sigma (σ) between the verb stem and its present tense endings. Study the future tense of λυω, which is set out below. Most verbs which you will be required to translate in this book form their future tenses in the same way. Hyphens have been inserted to show the future tense endings on the verb stem 'λυ-'.

λυ-σω	I shall set free
λυ-σεις	you will set free
λυ-σει	he/she/it will set free
λυ-σομεν	we shall set free
λυ-σετε	you will set free
λυ-σουσι(ν)	they will set free

TIP You will not find this a difficult tense to memorise if you can remember the present tense of λυω.

EXERCISE 6.14

Practise saying the future tenses of the following verbs in full, and also give their basic meanings in English. Hyphens have been included to show where the endings should be added.

1. θυ-ω.
2. παυ-ω.
3. κωλυ-ω.

4. παιδευ-ω.
5. θεραπευ-ω.
6. στρατευ-ω.

Further future tense forms

Verbs which end in -γω, -κω, -σσω and -χω change to -ξω in their future tense forms, which otherwise are the same as the endings of λυσω.

Present		Future	
ἀγω	I lead	ἀξω	I shall lead
διωκω	I pursue	διωξω	I shall pursue
ἐχω	I have	ἑξω	I shall have
λεγω	I say	λεξω	I shall say
φυλασσω	I guard	φυλαξω	I shall guard

Verbs which end in -πω, -πτω and -φω change to -ψω in their future tense forms. σῳζω converts the -ζω to -σω.

Present		Future	
βλαπτω	I harm	βλαψω	I shall harm
γραφω	I write	γραψω	I shall write
πεμπω	I send	πεμψω	I shall send
σῳζω	I save	σωσω	I shall save

EXERCISE 6.15

Translate into English:

1. ὁ δουλος γραψει.
2. θυσομεν τα ζῳα.
3. ἀξεις τους νεανιας.
4. ἡ θεα φυλαξει τας Ἀθηνας.
5. σωσετε τα των πολιτων τεκνα.
6. βλαψει την στρατιαν δεινοις ὁπλοις.
7. ὁ ἀδελφος πεμψει μικραν ἐπιστολην.
8. ἡ θαλασσα οὐ κωλυσει τους πολεμιους.
9. νυν στρατευσουσιν εἰς τον χαλεπον ποταμον.
10. ἀρ' ὁ ἀγαθος ἰατρος θεραπευσει την δεινην νοσον;

TIP Note how the '-so' sound in the future tense is preserved by the consonants ξ (= ks) and ψ (= ps).

CLASSICAL GREEK

EXERCISE 6.16

Translate the following Greek words into English and give an English word derived from each one.

1. ἀγγελλω
2. δεινος
3. μικρος
4. φιλιος

Additional exercises (2)

Make sure you practise these new forms before moving on.

EXERCISE 6.17

	β	ι	δ			α	ε	
α				γ				β
δ			β	θ				ζ
	δ			ζ		η		γ
		γ	ε		η	θ		
θ		β		ι			α	
η				γ	β			δ
ε			θ					η
	θ	ζ			ε	γ	ι	

Complete this sudoku by adding letters from the Greek alphabet so that the same nine letters exist in each row, each column, and each 3 × 3 box.

EXERCISE 6.18

Translate into English:

1. ὁ δουλος γραψει ἐπιστολην τω ἀδελφω.
2. οἱ ξενοι θυσουσι τα ζωα.
3. ὁ φιλιος ἰατρος ἀξει τους ἱππους εἰς τον ποταμον.
4. ὁ ποιητης ἀγγελλει την των Ἀθηναιων νικην.
5. οἱ πολεμιοι οὐ βλαψουσι τους του στρατηγου ἱππους.
6. οἱ δουλοι γραψουσιν ἐπιστολας τοις πολιταις.
7. σωσω τα του ποιητου ζωα.
8. ὁ στρατηγος πεμψει τους στρατιωτας προς τον ποταμον.
9. οἱ ποιηται νικην ἐχουσιν.
10. οἱ ξενοι διωξουσι τους ἀδελφους εἰς την ὁδον.
11. οἱ κακοι στρατιωται λυσουσι τους ἱππους.
12. νυν κωλυσω τα του δεινου στρατηγου τεκνα.
13. νικην ἐχομεν ἐν τη χωρα.
14. οἱ κακοι οὐ διωξουσι την σοφιαν.
15. οἱ πολεμιοι διωξουσι την στρατιαν προς τον ποταμον.

56

EXERCISE 6.19

Translate into English:

1. ὁ ἥλιος βλαψει τους του δεσποτου ἱππους.
2. ὁ στρατιωτης ἀξει τους νεανιας ἀπο του ποταμου.
3. ὁ ποιητης ἀγγελλει την των πολεμιων νικην.
4. ὁ στρατηγος λυσει τους ἀνδρειους πολιτας.
5. ἡ δεινη νοσος βλαψει τους πολιτας.
6. ὁ δουλος ἐθυε τῃ θεᾳ δια τον του δεσποτου θανατον.
7. οἱ του ξενου ἀδελφοι οὐ βλαψουσι την νησον.
8. ὁ σοφος πολιτης ἐπειθε τον ἀδελφον τοις λογοις.
9. οἱ πολιται ἐθυον τοις θεοις δια την νικην.
10. οὐχ ἐχομεν καλα ὁπλα.
11. τα των βαρβαρων ἐργα οὐ δικαια ἐστιν.
12. ὁ του ποιητου θανατος χαλεπος ἐστι τοις πολιταις.
13. οἱ ἀγαθοι οὐ πειθουσι τους πολιτας κακοις λογοις.
14. ὁ στρατηγος ἐφυλασσε τας καλας οἰκιας.
15. οἱ πολεμιοι οὐ φυλαξουσι την νησον.

EXERCISE 6.20

Translate into Greek:

1. The friendly poet used to persuade the citizens with fine words.
2. I shall send my brother to the island.
3. The good children will write some letters.
4. The master's slaves will pursue the animals to the river.
5. The brave general will lead his soldiers to the sea.
6. Will you harm the animals, slaves?
7. The sun will harm the citizens.
8. We'll pursue the strange animals out of the country.
9. The doctor will cure the terrible disease.
10. The soldiers are now saving the beautiful houses.

EXERCISE 6.21

Translate into Greek:

1. The wicked children will pursue the animals to the sea.
2. There is terrible danger on the island.
3. The strangers are wise and friendly.
4. The words of the general will not harm the Athenians.
5. We'll send the books to the poet's slave.
6. We'll be sacrificing to the gods because of the fine victory.
7. The brave slaves will set the horses free.
8. The enemy are terrible but brave.
9. The long island will hinder the enemy.
10. Will you be sending the letters, poet?

EXERCISE 6.22

	ι		θ		α	ζ		
	α		ε				θ	η
ε		γ			β	α		
γ		θ		ζ			δ	α
			δ		ε			
η	δ			γ		ι		ζ
		α	η			δ		β
ι	η				ζ		γ	
		β	γ		δ		α	

Complete this sudoku by adding letters from the Greek alphabet so that the same nine letters exist in each row, each column, and each 3 x 3 box.

EXERCISE 6.23

Match the following and translate into English:

1. ὁ ποιητης
2. οἱ δουλοι
3. οἱ στρατιωται φυλαξουσι
4. ὁ στρατηγος ἀξει
5. ὁ του νεανιου
6. οἱ θεοι οὐ
7. λαμβανομεν τα
8. ἡ των στρατιωτων
9. ἡ θαλασσα οὐ
10. οἱ του δεσποτου

(a) γραψουσιν ἐπιστολην.
(b) τους στρατιωτας δια του ποταμου.
(c) ἀδελφος πεμψει ἐπιστολην.
(d) των πολεμιων ὁπλα.
(e) κωλυσει την των πολεμιων στρατιαν.
(f) ἀγγελλει την νικην.
(g) σωσουσι τας Ἀθηνας.
(h) δουλοι οὐ λυσουσι τους ἱππους.
(i) νοσος βλαψει τους πολιτας.
(j) τας οἰκιας.

EXERCISE 6.24

In each sentence fill the gap with the most suitable of the options beneath. Then translate into English.

1. _____ τα ὁπλα.
   (a) στρατευσω
   (b) λεξω
   (c) φυλαξω
   (d) γραφω

2. _____ γραφει την ἐπιστολην.
   (a) ὁ δουλος
   (b) ὁ ἡλιος
   (c) ὁ θανατος
   (d) ὁ κινδυνος

3. νυν _____ εἰς τον ποταμον.
   (a) βλαψουσιν
   (b) στρατευσουσιν
   (c) πεμψουσιν
   (d) ἀξουσιν

4. ὁ στρατιωτης _____ την μαχην.
   (a) ἐβλαπτε
   (b) γραψει
   (c) πεμψει
   (d) ἀγγελλει

5. ἀρ' οἱ ἰατροι _____ τους ἀνδρειους στρατιωτας;
   (a) λεξουσι
   (b) γραψουσι
   (c) θυουσι
   (d) θεραπευσουσι

6. νυν _____ σωσει τα ζῳα.
   (a) ὁ θανατος
   (b) ἡ νοσος
   (c) ὁ ἡλιος
   (d) ὁ νεανιας

7. ὁ ποιητης_____ ἐπιστολην προς
   τον στρατηγον.
   (a) διωξει
   (b) ἐχει
   (c) λεξει
   (d) πεμψει

8. οἱ ἀνδρειοι στρατιωται_____
   τους πολεμιους.
   (a) διωξουσι
   (b) ἐξουσι
   (c) ἀξουσι
   (d) πεμψουσι

9. νυν_____ τοις θεοις.
   (a) παιδευσομεν
   (b) θυσομεν
   (c) παυσομεν
   (d) λεξομεν

10. ἡ νοσος_____ τους πολιτας.
    (a) παιδευσει
    (b) βλαψει
    (c) λυσει
    (d) γραψει

EXERCISE 6.25

μ	ε	τ	ε	ψ	α	λ	β	ζ	ζ
θ	ε	σ	μ	α	ς	ε	β	ρ	λ
ι	σ	υ	ο	ψ	α	ρ	γ	ε	ν
θ	φ	ω	δ	τ	ι	κ	ξ	ψ	η
ζ	ω	θ	σ	κ	λ	ε	η	β	η
ς	ι	ε	ξ	ω	ι	δ	ρ	ξ	ζ
ν	ε	μ	ο	σ	σ	α	λ	υ	φ

Translate the following into Greek and find them in the grid on the left:

I shall save, you (sing.) will pursue, he will say, we shall guard, you (pl.) will harm, they will write

VOCABULARY SIX

ἀγγελλω	I announce	βλαπτω	I harm, damage
ἀγαθος, -η, -ον	good	μακρος, -α, -ον	long
ἀνδρειος, -α, -ον	brave	μικρος, -α, -ον	small
δεινος, -η, -ον	strange, terrible, clever	σοφος, -η, -ον	wise
		φιλιος, -α, -ον	friendly
δικαιος, -α, -ον	just, right	χαλεπος, -η, -ον	difficult, dangerous
κακος, -η, ον	bad, wicked		
καλος, -η, -ον	beautiful, fine		
νυν	now		

APPENDIX TO PART ONE

PRACTICE UNSEEN PASSAGES

We conclude Part 1 of this book with a series of brief unseen translations, of the type that regularly appears in Level 1 of Common Entrance, and a Level 1 past paper for practice. You can expect to find imperfect tenses used regularly here, as well as future tenses if direct speech is involved. In these passages verbs which introduce direct speech are generally followed by a colon, marked ' · ' in Greek (see exercise A.2 line 3). In the interests of good translation, don't be afraid to translate the article as *his*, *her*, *its* or *their* rather than *the* if the sense demands it – this possessive usage is quite common in Greek.

Make sure you revise the grammar and vocabulary contained in Chapters One to Six carefully before attempting these passages, which are worth 25 marks each (as in an exam paper). Read the title and passage carefully before attempting a translation; names mentioned in the title are generally not given again on the right as separate items of vocabulary. When translating, you should put the glossed words *and*, *however*, *for* and *therefore* as the <u>first word</u> in any sentence where they occur.

EXERCISE A.1

The musician Arion is saved from death by a dolphin.

1   ὁ Ἀριων <u>ἦν</u> ἀγαθος <u>κιθαρῳδος</u> και
     ἐπαιδευε τους νεανιας. ἀλλα κακοι ναυται
     ἐβαλλον τον <u>Ἀριονα</u> ἐκ πλοιου εἰς την
     θαλασσαν. φιλιος <u>μεντοι</u> <u>δελφις</u> ἐσῳζε τον
5   ἀνθρωπον.

                ἦν = was
                κιθαρῳδος = musician
                Ἀριονα = acc. of Ἀριων
                μεντοι = however
                δελφις = dolphin

EXERCISE A.2

The Athenians escape from the invading Persians.

1   οἱ <u>Περσαι</u> ἐστρατευον προς τας Ἀθηνας. οἱ
     <u>δε</u> Ἀθηναιοι οὐκ ἐσῳζον τας οἰκιας ἀλλ'
     ἐφευγον εἰς μικραν νησον. και ἐλεγον·
     "ἀρα κωλυσομεν τα των πολεμιων πλοια;"

                Περσαι = Persians
                δε = and

EXERCISE A.3

Jason gathers a crew to search for the Golden Fleece.

1   ὁ Ἰασων <u>ἦν</u> ἀνδρειος νεανιας. ἐλεγε <u>δε</u>
     τοις πολιταις· "ἀξω ἀγαθους ναυτας δια
     χαλεπων θαλασσων και ἑξω την νικην."
     και <u>οὑτως</u> ἐπειθε τους πολιτας φιλιοις λογοις.

                ἦν = was
                δε = and

                οὑτως = in this way

EXERCISE A.4

The Athenians decide to attack the island of Sicily.

1   οἱ Ἀθηναιοι ἐστρατευον προς τους
    πολεμιους. οἱ <u>δε</u> στρατηγοι ἐλεγον·
    "δικαιον ἐστι <u>λαμβανειν</u> την <u>Σικελιαν</u>.
    οἱ <u>γαρ</u> πολεμιοι πεμπουσι πλοια εἰς την
5 νησον."

    ἐπειθον <u>οὐν</u> τους πολιτας.

- δε = and
- λαμβανειν = to capture
- Σικελιαν = Sicily
- γαρ = for
- οὐν = therefore

EXERCISE A.5

Heracles with difficulty defeats the Nemean lion.

1   ὁ Ἡρακλης ἐδιωκε τον <u>λεοντα</u> δια χαλεπης
    χωρας. και ἐβλαπτεν <u>αὐτον</u> δεινοις ὁπλοις ἀλλ'
    ὁ <u>λεων</u> οὐκ ἐφευγεν.

    <u>τελος</u> <u>δε</u> ὁ Ἡρακλης ἐθυε το ζῳον τῃ των
5 Ἀθηνων θεᾳ.

- λεοντα = lion
- αὐτον = it
- λεων = lion
- τελος = at last
- δε = and

EXERCISE A.6

Xenophon encourages his men during a difficult march.

1   ὁ Ξενοφων ἐστρατευε δια χωρας χαλεπης.
    και τοις ἀνδρειοις στρατιωταις ἐλεγεν·
    "οὐκ ἐσμεν ἐν κινδυνῳ. κωλυσω <u>γαρ</u> τους
    πολεμιους και ἀξω την στρατιαν προς την
5 θαλασσαν."

- γαρ = for

EXERCISE A.7

Demosthenes warns Athens about Philip of Macedon.

1   Δημοσθενης <u>ἠν</u> πολιτης ἀγαθος και σοφος
    Ἀθηναιος. και ἐλεγε τοις πολιταις·
    "ὠ Ἀθηναιοι, ὁ Φιλιππος ἀγει στρατιαν
    χαλεπην προς την <u>ἡμετεραν</u> χωραν. ἀρα
5 μενετε ἐν ταις οἰκιαις;"

- ἠν = was
- ἡμετεραν = our

CLASSICAL GREEK

EXERCISE A.8

Achilles' mother tries to protect him.

1 ὁ Ἀχιλλεὺς <u>ἦν</u> τεκνον θεας. καὶ ἡ θεα <u>ἐβαψε</u> τον
   Ἀχιλλεα ἐν τῳ ποταμῳ Στυγι.
   καὶ ἡ θεα ἐλεγεν·
   "ὁ Ἀχιλλεὺς νυν οὐκ ἐστιν ἐν κινδυνῳ του
5 θανατου."

   ἦν = was
   ἐβαψε = (she) dipped
   Ἀχιλλεα = accusative of Achilles
   Στυγι = dative of Styx

EXERCISE A.9

The Persian King Cyrus instructs his troops.

1 ὁ Κυρος <u>ἦν</u> στρατηγος ἀνδρειος. τοις
   <u>δε</u> στρατιωταις ἐλεγεν·

   "οἱ βαρβαροι βλαπτουσι την χωραν
   τοις ὁπλοις. στρατευσομεν <u>οὐν</u> προς
5 τους πολεμιους και κωλυσομεν τον
   κινδυνον."

   ἦν = was
   δε = and

   οὐν = therefore

EXERCISE A. 10

The Persian king, Darius, is saved by one of his own slaves.

1 ὁ Δαρειος ἐστρατευε προς τους
   πολεμιους. ἀλλ' <u>ἐπεσεν</u> ἐξ ἱππου και
   ἐβλαπτεν <u>ἑαυτον</u>. ἀλλ' ἐν τοις δουλοις <u>ἦν</u>
   ἰατρος σοφος. και δια την σοφιαν ἐκωλυε
5 τον του Δαρειου θανατον.

   ἐπεσεν = he fell
   ἑαυτον = himself
   ἦν = was

🔡 PRACTICE LEVEL ONE PAPER

This practice paper will give you an idea of what to expect at Common Entrance Level 1. You must revise Chapters One to Six thoroughly before trying it. You should spend no longer than 60 minutes on this paper and, if you are treating it as serious examination practice, you should not look up any words. Good luck.

1. (a) Write the following Greek words in English letters.

           (i)   *Περσευς*
           (ii)   *τραυμα*
           (iii) *Ὀλυμπος*
           (iv) *Γεωργος*
           (v)   *Βρεταννια*   (10)

    (b) Write the following English words in Greek letters.

           (i)   Troia
           (ii)   exodos
           (iii) Syria
           (iv) arōma
           (v)   Aphroditē   (10)

    (c) Translate the following Greek words into English and give an English word derived from each one.

           (i)   *γραφω*
           (ii)   *βιος*
           (iii) *δημος*
           (iv) *μικρος*
           (v)   *παυω*   (10)

    (d) Translate the following Greek verbs.

           (i)   *λυεις*
           (ii)   *μενουσι*
           (iii) *λεγομεν*
           (iv) *ἀγετε*
           (v)   *εἰμι*   (10)

    (e) Translate the following sentences.

           (i)   *ἀγομεν την στρατιαν.*
           (ii)   *λυει τον ἱππον.*
           (iii) *οἱ δουλοι γραφουσιν.*
           (iv) *οὐκ ἐχω οἰκιαν.*
           (v)   *τα τεκνα ἐστι φιλια.*   (15)

CLASSICAL GREEK

(f) Translate the following sentences.

   (i)   στρατευεις ἐκ της δεινης χωρας.
   (ii) ἀρ' ἐχεις την ἐπιστολην ἐν τη οἰκια;
   (iii) ὁ των πολιτων βιος ἐστιν ἀγαθος.
   (iv) ὁ κριτης λεγει σοφους λογους.
   (v)   τοις πολεμιοις ἐστι μικρα πλοια.   (20)

2.   Translate the following passage.

   The Athenians adopt Athena as the goddess of their city.

1 ἡ Ἀθηνη <u>ἠν</u> θεα της σοφιας. οἱ <u>οὐν</u>   ἠν = was
   Ἀθηναιοι ἐθεραπευον την Ἀθηνην και   οὐν = therefore
   ἐλεγον· "ἡ θεα οὐκ ἐστι δεινη ἀλλ' ἀγαθη.
   φυλαξει <u>γαρ</u> τους πολιτας."   γαρ = for   (25)

Now check your work carefully

(Total marks: 100)

PART TWO

CHAPTER SEVEN

▦ WEAK AORIST ACTIVE

The aorist tense is the ordinary past tense translated as 'he spoke', 'they arrived', and in the negative, 'they didn't see'. This tense in Greek is termed either weak or strong, according to its formation. Some important verbs with weak aorists met so far are:

$$λυω \quad θεραπευω \quad θυω \quad παιδευω \quad παυω \quad κωλυω \quad στρατευω$$

The aorist of λυω is as follows:

ἐλυσα	I set free
ἐλυσας	you set free
ἐλυσε(ν)	he/she/it set free
ἐλυσαμεν	we set free
ἐλυσατε	you set free
ἐλυσαν	they set free

So: ἐκωλυσαν   they prevented
οὐκ ἐπαιδευσαμεν   we did not train

Note two irregular aorists:

μενω ⟶ ἐμεινα   ἀγγελλω ⟶ ἠγγειλα

▦ A NOTE ON ADJECTIVES

As well as ὁ ἀγαθος κριτης (the good judge), it is equally correct, though less common, to write ὁ κριτης ὁ ἀγαθος.

EXERCISE 7.1

Translate into English:

1. οἱ συμμαχοι οὐκ ἐπαυσαν την μαχην.
2. ἐστι τιμη τοις συμμαχοις.
3. νυν οὐκ ἐχομεν εἰρηνην.
4. οἱ στρατιωται οἱ σοφοι ἐκωλυσαν τας ὁδους τοις ὁπλοις.
5. οἱ ἰατροι ἐθεραπευσαν τας θεας τοις δωροις.
6. τα τεκνα τα ἀγαθα ἐθυσε τῃ θεᾳ.
7. οὐκ ἐλυσαμεν τους των πολεμιων ἱππους.
8. οὐκ ἐπαιδευσα τον του στρατηγου δουλον.
9. οὐκ ἐθυσατε τοις θεοις.
10. ὁ στρατηγος ὁ κακος νυν ὀργην ἐχει δια την μαχην.
11. ἐπαυσαμεν την μαχην.
12. οἱ βαρβαροι ἐκωλυσαν την εἰρηνην.

13. οὐκ ἐπιστευσα τοις στρατιωταις.
14. τα ἀθλα ἐστιν ἐν τῃ οἰκιᾳ.
15. οὐκ ἐχουσιν ἀγαθον βιον.

EXERCISE 7.2

Translate into English:

1. οἱ συμμαχοι ἐλυσαν τους δεσποτας τους φιλιους.
2. οὐκ ἐπιστευσαμεν τοις συμμαχοις.
3. τα των ἀνθρωπων ἀθλα καλα ἐστιν.
4. οἱ πολεμιοι οὐκ ἐχουσι τιμην.
5. οἱ ἰατροι ἐθεραπευσαν τους κριτας.
6. οἱ πολεμιοι ἐστρατευσαν δια της νησου.
7. ὁ κριτης ἠγγειλε την νικην τοις πολιταις.
8. τα τεκνα τα κακα ἐμεινεν ἐν τῳ ποταμῳ.
9. ὁ ἰατρος ἐμεινε τον του στρατηγου ἀδελφον.
10. ὁ ἀδελφος ἠγγειλε τον του ἡλιου κινδυνον.
11. οὐκ ἐπιστευσαμεν τοις του στρατηγου λογοις.
12. οἱ δουλοι ἐμειναν ἐν τῃ ὁδῳ.
13. οὐκ ἐστι νυν εἰρηνη ἐν τῃ νησῳ.
14. οἱ της νησου νεανιαι ἐχουσι τιμην.
15. ἐστι δεινη ὀργη ἐν τῃ χωρᾳ.

EXERCISE 7.3

Translate into Greek:

1. The allies stopped the battle.
2. We didn't set free the slaves.
3. The young men believed the children.
4. The barbarians didn't train the horses.
5. There isn't now peace in Athens.
6. The citizens sacrificed to the goddess.
7. The judge prevented the horses.
8. The master has anger because of the slave.
9. Did you believe the slaves, O master?
10. Soldiers, did you set the animals free?

CLASSICAL GREEK

Additional exercises (1)

Make sure you practise these forms thoroughly.

EXERCISE 7.4

In each of the sentences fill the gap with the most suitable of the options beneath.

1. οἱ στρατιωται _____ ἐν τῃ οἰκιᾳ.
   - (a) ἠγγειλαν
   - (b) ἐπαυσαν
   - (c) ἐμειναν
   - (d) ἐκωλυσαν

2. ὁ ἰατρος _____ τον νεανιαν.
   - (a) ἠγγειλε
   - (b) ἐστρατευσε
   - (c) ἐθυσε
   - (d) ἐθεραπευσε

3. τοις Ἀθηναιοις οὐκ ἐστιν _____
   - (a) ἡμερα.
   - (b) δενδρα.
   - (c) εἰρηνη.
   - (d) ὑπνος.

4. ὁ στρατηγος _____ την μαχην.
   - (a) ἐπαυσε
   - (b) ἐλυσε
   - (c) ἐστρατευσε
   - (d) ἐθυσε

5. τα δενδρα _____ τον ἀπο του ἡλιου κινδυνον.
   - (a) ἐλυσε
   - (b) ἠγγειλε
   - (c) ἐμεινε
   - (d) ἐκωλυσε

6. ὁ στρατηγος _____ τους νεανιας ἐν τῃ ἀγορᾳ.
   - (a) ἐπιστευσε
   - (b) ἐπαιδευσε
   - (c) ἐθυσε
   - (d) ἐστρατευσε

EXERCISE 7.5

Complete the following and translate into English:

1. οἱ στρατιωτ__ ἐπαυσ__ την μαχ__
2. οἱ ἰατρ__ ἐθεραπευσ__ τας θε__.
3. ἀρ' ἐμεινας, ὦ νεανι_, ἐν τ_ ἀγορᾳ;
4. ἀρ' ἠγγειλατε, ὦ κριτ__, την νικ__;
5. οὐκ ἐπιστευσαμεν τοις βαρβαρ___.
6. ὁ στρατηγ__ ἐκωλυσ_ τ__ μαχην.

EXERCISE 7.6

Match the following and translate into English:

1. τα των
2. τα του στρατιωτου ἀθλα
3. οἱ βαρβαροι ἐπαυσαν
4. ὁ στρατηγος ἐχει
5. ὁ στρατιωτης
6. τα τεκνα ἐθυσε
7. ἐστι τιμη
8. ἐστι καλη
9. ἐπαυσαμεν την
10. εἰσι δειναι

   - (a) τῃ θεᾳ.
   - (b) νοσοι ἐν τῃ νησῳ.
   - (c) πολεμιων ὁπλα δεινα ἐστιν.
   - (d) τοις συμμαχοις.
   - (e) ὀργην δια την μαχην.
   - (f) μαχην τοις λογοις.
   - (g) ἐστιν ἐν τῃ οἰκιᾳ.
   - (h) τον πολεμον.
   - (i) φωνη ἐν τῃ οἰκιᾳ.
   - (j) ἐκωλυσε την ὁδον τοις ὁπλοις.

EXERCISE 7.7

α	ἐ	ἐ	δ	ε	ς	τ	ε	ἐ
σ	π	μ	ε	π	α	θ	σ	π
υ	α	ε	φ	ι	σ	ν	υ	α
λ	ι	ι	μ	σ	υ	ε	ε	υ
ω	δ	ν	χ	τ	ε	μ	π	σ
κ	ε	α	φ	ε	τ	α	α	α
ἐ	υ	ς	α	υ	α	σ	ρ	ν
ε	σ	β	σ	σ	ρ	υ	ε	γ
ε	α	θ	υ	α	τ	θ	θ	ψ
ω	τ	κ	λ	ν	σ	ἐ	ἐ	υ
ν	ε	π	ἐ	ρ	ἐ	ξ	μ	ι

Translate the following into Greek and find them in the grid on the left:

I freed, you (sing.) marched, he cured, we sacrificed, you (pl.) trained, they stopped, I prevented, you (sing.) stayed, they believed

IMPERFECT AND FUTURE OF εἰμι

The imperfect and future tenses of εἰμι go as follows:

imperfect		future	
ἠν or ἠ	I was	ἐσομαι	I shall be
ἠσθα	you were	ἐσει	you will be
ἠν	he/she/it was	ἐσται	he/she/it will be
ἠμεν	we were	ἐσομεθα	we shall be
ἠτε	you were	ἐσεσθε	you will be
ἠσαν	they were	ἐσονται	they will be

THE PRESENT INFINITIVE

The forms 'to release', 'to walk', and 'to shout' are all examples of the present infinitive in English. To form the present infinitive in Greek we add -ειν to the present stem.

E.g.   λυειν   to set free
        γραφειν   to write

The present infinitive of εἰμι is εἰναι.

Note how the present infinitive is used in the following sentences:

χαλεπον ἐστι στρατευειν δια της χωρας.
It is difficult to march through the country.

οἱος τ' εἰμι λεγειν.
I am able to speak.

The infinitive is also used in indirect commands, after all verbs of ordering, advising and persuading; the negative before the infinitive is μη.

ἐκελευσαμεν τους ποιητας γραφειν καλας βιβλους.
We ordered the poets to write fine books.

πειθει τους στρατιωτας μη λυειν τους ἱππους.
He persuades the soldiers not to set free the horses.

69

EXERCISE 7.8

Translate into English:

1. ὁ τοῦ στρατηγοῦ ἀδελφὸς ποιητὴς ἦν.
2. ἦμεν ἐν τῇ τοῦ ἰατροῦ οἰκίᾳ.
3. οἱ στρατιῶται χρήσιμοι ἦσαν ἐν τῇ μάχῃ.
4. οἱ τοῦ στρατηγοῦ λόγοι οὐ χρήσιμοι ἦσαν.
5. ὁ δοῦλος φίλιος ἦν τῷ ἀγαθῷ κριτῇ.
6. οἱ πολῖται ἐλεύθεροι οὐκ ἔσονται.
7. ἡ τῶν στρατιωτῶν σοφία χρησίμη ἦν ἐν τῇ μάχῃ.
8. ὁ κριτὴς ἐκέλευσε τὸ τέκνον πέμπειν τὰς ἐπιστολάς.
9. ἐκέλευσα τὸν δοῦλον μὴ λύειν τὸν ἵππον.
10. ὁ ἰατρὸς οὐχ οἷός τ' ἦν πιστεύειν τοῖς στρατιώταις.

EXERCISE 7.9

Translate into English:

1. ὁ ἰατρὸς οἷός τ' ἔσται θεραπεύειν τοὺς ἀνθρώπους.
2. ὁ σύμμαχος οὐχ οἷός τ' ἦν πιστεύειν τοῖς στρατιώταις.
3. τὰ ἆθλα ἦν ἐν τῇ ἀγορᾷ.
4. ὁ κριτὴς οὐ παρῆν ἐν τῇ οἰκίᾳ.
5. ἐσόμεθα ἐν τῇ ὁδῷ.
6. εἰρήνη ἦν ἐν τῇ χώρᾳ.
7. οἱ βάρβαροι παρέσονται ἐν τῇ ἀγορᾷ.
8. οἱ ξένοι παρῆσαν ἐν τῇ οἰκίᾳ.
9. αἱ βίβλοι οὐ χρήσιμαι ἦσαν.
10. οἷοι τ' ἐσόμεθα κωλύειν τὸν κίνδυνον.

EXERCISE 7.10

Translate into Greek:

1. We cannot free the generals.
2. The sun will be bad for the animals.
3. He could not save the child.
4. The Athenians are not free.
5. It will be useful to catch the animals.
6. I ordered the soldier to guard the house.
7. The master ordered the slave not to harm the animal.
8. The general ordered the soldiers not to free the enemy.
9. I ordered the general not to announce the victory.
10. The doctor ordered the slave to send the letters to the island.

Additional exercises (2)

More exercises to ensure you are familiar with the forms.

EXERCISE 7.11

In each sentence fill the gap with the most suitable of the options beneath. Then translate into English.

1. οἱ στρατιωται οὐχ οἷοι τ'
   εἰσι _____ την μαχην.
   - (a) λαμβανειν
   - (b) βαλλειν
   - (c) παυειν
   - (d) πεμπειν

2. _____ τους στρατιωτας λυειν τους
   ἱππους.
   - (a) ἐμειναμεν
   - (b) ἐπιστευσαμεν
   - (c) ἠγγειλαμεν
   - (d) ἐκελευσαμεν

3. _____ τους στρατιωτας μη φευγειν.
   - (a) ἐκελευσε
   - (b) ἐπαυσε
   - (c) ἐστρατευσε
   - (d) ἠγγειλε

4. οἱ ποιηται _____ καλους λογους.
   - (a) θυουσι
   - (b) γραφουσι
   - (c) πειθουσι
   - (d) λαμβανουσι

5. οὐχ οἷος τ' ἠν _____ τους ξενους
   γραφειν.
   - (a) βαλλειν
   - (b) πιστευειν
   - (c) ἀγγελλειν
   - (d) πειθειν

6. οὐκ ἐχομεν _____ των πολεμιων.
   - (a) νοσον
   - (b) νησον
   - (c) φοβον
   - (d) ἐργον

EXERCISE 7.12

Complete the following and translate into English:

1. οἱ στρατιωτ__ οἱ φιλιοι ἠ___ ἐν τῃ οἰκι_.
2. δουλ__ φιλι__ ἠν τῳ ἀγαθ_ κριτ_.
3. ὁ δεσποτ__ οὐ φιλι__ ἐσται τῳ κακ_ κριτ_.
4. ἐκελευσε τους δουλ___ λυειν τ___ ἱππ___.
5. ὁ ἰατρ__ οἱ__ τ' ἠν θεραπευ___ τον νεανι__.
6. ὁ κριτ__ οὐκ ἐπιστευσ_ τ___ στρατιωτ___.

EXERCISE 7.13

Match the following and translate into English:

1. αἱ βιβλοι οὐ
2. οἷοι τ' ἐσονται κωλυειν
3. οἱ βαρβαροι
4. ἐσεσθε ἐν
5. ἀρ' ἐκελευσας τον
6. πολεμος μακρος
7. οἱ Ἀθηναιοι ἐλευθεροι
8. οὐκ ἐπιστευσα τῳ
9. ἀρ' ἐκελευσατε τους
10. ἠσαν ἐν τῃ

- (a) του κριτου οἰκια.
- (b) τῃ ὁδῳ.
- (c) χρησιμαι ἠσαν τῳ τεκνῳ.
- (d) τους κινδυνους.
- (e) στρατιωτας στρατευειν, ὠ στρατηγοι ;
- (f) οὐκ ἐσονται.
- (g) δουλον λυειν τον ἱππον, ὠ στρατηγε;
- (h) παρησαν ἐν τῃ ἀγορᾳ.
- (i) ἠν ἐν τῃ χωρᾳ.
- (j) των δουλων δεσποτῃ.

EXERCISE 7.14

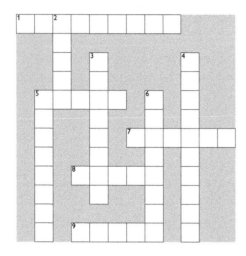

Across

1. οἱ συμμαχοι οὐχ οἱοι τ᾽ ἦσαν π_____ τοις κριταις. (9)
5. ὁ κριτης οὐ π_____ ἐν τῃ οἰκιᾳ. (5)
7. ἐκελευσε τον κ_____ μη λυειν τον δουλον. (6)
8. εἰρηνη μ_____ ἦν ἐν τῃ χωρᾳ. (5)
9. οἱ ξ_____ παρησαν ἐν τῃ νησῳ. (5)

Down

2. ἡ των στρατιωτων σ_____ χρησιμη ἐστιν ἐν τῃ μαχῃ. (5)
3. αἱ βιβλοι οὐ χ_____ ἦσαν. (8)
4. ὁ ἰατρος ἐθεραπευσε τους σ_____. (10)
5. οἱ π_____ ἦσαν ἐν τῃ χωρᾳ. (8)
6. οἱ β_____ παρεσονται ἐν τῃ ἀγορᾳ. (8)

▓ MORE WEAK AORISTS ACTIVE

The following verbs also have weak aorists as follows (cf. their futures):

present	future	aorist	
βλαπτω	βλαψω	ἐβλαψα	I harm
γραφω	γραψω	ἐγραψα	I write
διωκω	διωξω	ἐδιωξα	I pursue
κρυπτω	κρυψω	ἐκρυψα	I hide
πειθω	πεισω	ἐπεισα	I persuade
πεμπω	πεμψω	ἐπεμψα	I send
σῳζω	σωσω	ἐσωσα	I save
φυλασσω	φυλαξω	ἐφυλαξα	I guard

⎡ VOCABULARY SEVEN

κελευω	I order	παρειμι	I am present
οἱος τ᾽ εἰμι	I am able	πιστευω + dative	I trust, believe
εἰρηνη, -ης, f.	peace	φοβος, -ου, m.	fear
ὀργη, -ης, f.	anger	χρονος, -ου, m.	time
τιμη, -ης, f.	honour	ἀθλον, -ου, n.	prize
συμμαχος, -ου, m.	ally		
ἐλευθερος, -α, -ον	free	χρησιμος, -η, -ον	useful

CHAPTER EIGHT

3RD DECLENSION NOUNS

We are now ready to meet 3rd declension nouns. Although a general pattern soon emerges, they do need to be learnt individually because of small differences.

	φυλαξ, φυλακος, m., guard	κηρυξ, κηρυκος, m., herald
nominative	φυλαξ	κηρυξ
vocative	φυλαξ	κηρυξ
accusative	φυλακα	κηρυκα
genitive	φυλακος	κηρυκος
dative	φυλακι	κηρυκι
nominative	φυλακες	κηρυκες
vocative	φυλακες	κηρυκες
accusative	φυλακας	κηρυκας
genitive	φυλακων	κηρυκων
dative	φυλαξι(ν)	κηρυξι(ν)

PERSONAL PRONOUNS

	I	you (sing.)
nominative	ἐγω	συ
accusative	ἐμε, με	σε
genitive	ἐμου, μου	σου
dative	ἐμοι, μοι	σοι
	we	you (pl.)
nominative	ἡμεις	ὑμεις
accusative	ἡμας	ὑμας
genitive	ἡμων	ὑμων
dative	ἡμιν	ὑμιν

μεν AND δε

μεν and δε are used to link two corresponding or contrasting clauses, each coming second word in its clause. They can be translated in a variety of ways:

> 'on the one hand ... on the other'
> '(on the one hand) ... but/while'

For example:

> ὁ μεν κριτης ἀγαθος ἠν, ὁ δε πολιτης ἐλεγε κακους λογους.
> The judge (on the one hand) was good, but the citizen (on the other) spoke evil words.

CLASSICAL GREEK

Note also *οἱ μεν ... οἱ δε* (some ... others)

For example:

> *οἱ μεν πιστευουσι τοις λογοις, οἱ δε τοις ὁπλοις.*
> *Some* trust words, *others* (trust) weapons.

τίς AND τί

τίς (pl. *τίνες*) and *τί* (pl. *τίνα*) are used in questions meaning *who?* and *what?*

τίς ἐγραψε την ἐπιστολην;	Who wrote the letter?
τίνες ἐπιστευσαν τῳ κριτῃ;	Who believed the judge?
τί ἐβλαψε το ζῳον;	What harmed the animal?
τί ἐγραψας;	What did you write?
	(Note *τί* is object here)

TIP Note that these words have an accent on the letter *ι*. These words will always be written with these accents because there is another word *τις* (without an accent) which means something completely different.

CHANGING OF CONSONANTS

The three 'hard' consonants κ τ π change to χ θ φ respectively before a rough breathing.

Thus	*οὐκ ἐχω*	I don't have	but	*οὐχ ἑξω*	I shall not have
	ἀπ' ἐμου	from me	but	*ἀφ' ἡμων*	from us

EXERCISE 8.1

Translate into English:

TIP Note that a final vowel in a preposition is usually elided before another vowel.

1. *ἐγω μεν ἐφυλαξα την οἰκιαν, συ δ' ἐγραψας ἐπιστολην.*
2. *ὑμεις μεν ἐπεμψατε τα ἀθλα, ἡμεις δ' ἐκρυψαμεν τα ὁπλα.*
3. *οἱ μεν πολιται ἐδιωξαν τους πολεμιους, οἱ δε κηρυκες ἠγγειλαν την νικην.*
4. *οἱ μεν στρατιωται ἐβλαψαν τους φυλακας, ὁ δ' ἰατρος ἐθεραπευσε με.*
5. *τίς ἐβλαψε τους ἱππους;*
6. *τί ἐσωσε τον του στρατηγου ἀδελφον;*
7. *τίς ἐκρυψε τα του κηρυκος ὁπλα;*
8. *ἐγω σε κελευω μη βλαπτειν τους φυλακας.*
9. *οἱ φυλακες οὐχ οἱοι τ' εἰσι σῳζειν τα ζωα.*
10. *οἱ ἰατροι οὐχ οἱοι τ' ἐσονται κωλυειν την νοσον.*
11. *ἐκρυψαμεν τας βιβλους ἐν τη γη.*
12. *οἱ ξενοι ἐδιωξαν τους κηρυκας εἰς την νησον.*
13. *οἱ ἀδελφοι παρησαν ἐν τη οἰκιᾳ.*
14. *ἀρ' ἐκελευσας τον στρατηγον σῳζειν τα ζωα;*
15. *ὁ μεν φυλαξ ἐφευγεν, ὁ δε κηρυξ ἐφυλασσε τα ἀθλα.*

EXERCISE 8.2

Translate into Greek:

1. We pursued the enemy to the island.
2. The guards were not able to escape.
3. Did you (pl.) order the heralds not to send the books?
4. The strangers hid the children in the boat.
5. It's not useful to send the heralds to Athens.
6. The general persuaded the soldiers to guard us.
7. Did the strangers hide you on the island, children?
8. The young man persuaded us to remain in the house.
9. The general saved the horses from danger.
10. The guards ordered the herald not to save the general.

Additional exercises (1)

Make sure you use these exercises for practice before tackling the next section.

EXERCISE 8.3

α	σ	ι	ε	π	ἐ	ω	ψ	χ
ἐ	σ	ω	σ	α	ν	η	δ	ε
ἐ	δ	ι	ω	ξ	α	μ	ε	ν
ἐ	γ	ρ	α	ψ	α	ν	ς	ι
ν	ε	μ	α	ψ	υ	ρ	κ	ἐ
β	ἐ	β	λ	α	ψ	ε	δ	ι
ε	τ	α	ψ	μ	ε	π	ἐ	ο
ς	α	ξ	α	λ	υ	φ	ἐ	τ

Translate the following into Greek and find them in the grid on the left:

we pursued, you (sing.) guarded, he harmed, they wrote, you (pl.) sent, I persuaded, they saved, we hid

EXERCISE 8.4

In each sentence fill the gap with the most suitable of the options beneath. Then translate into English.

1. ὁ στρατηγος _____ τας ἐπιστολας
   εἰς τας Ἀθηνας.
   (a) ἐκρυψε
   (b) ἐβλαψε
   (c) ἐπεμψε
   (d) ἐσωσε

2. οἱ κηρυκες οἱ ἀγαθοι _____ την
   νικην.
   (a) ἐπεμψαν
   (b) ἠγγειλαν
   (c) ἐδιωξαν
   (d) ἐπεισαν

3. οἱ ποιηται _____ την εἰρηνην
   κακοις λογοις.
   (a) ἐβλαψαν
   (b) ἐκρυψαν
   (c) ἐγραψαν
   (d) ἐφυλαξαν

4. ὁ στρατηγος _____ τον κηρυκα.
   (a) ἐθυσε
   (b) ἠγγειλε
   (c) ἐγραψε
   (d) ἐμεινε

CLASSICAL GREEK

5. τίς _____ τον κηρυκα ἀγγελλειν
   τας νικας;
   (a) ἐβλαψε
   (b) ἐκρυψε
   (c) ἐφυλαξε
   (d) ἐκελευσε

6. τί _____ σε λαμβανειν τα ἀθλα;
   (a) ἐκελευσε
   (b) ἐπιστευσε
   (c) ἐδιωξε
   (d) ἐπεισε

EXERCISE 8.5

Complete the following and translate into English:

1. ἐγω ἐφυλασσ__ την οἰκι__.
2. ἀρα συ ἐγραφ__ ἐπιστολην;
3. τί ἐσωσ_ τον ξεν__;
4. τίς ἐβλαψ_ τον ἱππ__;
5. οἱ φυλακες ἡ___ ἐκρυψ__.
6. ἀρ' ὑ____ ἐβλαψ___ τους κηρυκ__;

EXERCISE 8.6

Match the following and translate into English:

1. ἐγω σε κελευω
2. ὁ ἰατρος οὐχ οἱος
3. οἱ ναυται ἐδιωξαν
4. ἀρ' ἐκελευσας τον
5. οἱ δεσποται
6. ἀρ' ἐκρυψατε τα
7. τίς ἐβλαψε
8. τί ἐκρυψας ἐν
9. ὁ ἰατρος οὐκ
10. τίς ἐδιωξε τους

(a) τῃ οἰκιᾳ;
(b) κηρυκας εἰς την οἰκιαν;
(c) σωζειν τον φυλακα.
(d) χρηματα ἐν τῃ γῃ;
(e) τα ζῳα;
(f) τ' ἐστι κωλυειν την νοσον;
(g) παρησαν ἐν τῃ οἰκιᾳ.
(h) στρατηγον βλαπτειν τα ζῳα;
(i) τον κηρυκα εἰς την νησον.
(j) ἐθεραπευε τον νεανιαν.

THE PRESENT AND FUTURE MIDDLE OF λυω

As well as having an active and a passive as in English, Greek has a third voice called the middle. The middle voice has various meanings, but it generally has the overall sense of doing something for one's own advantage. For example, λυομαι means 'I set free for my own advantage', and thus 'I ransom'.

Here are the present and future middle tenses of λυω:

present	future
λυομαι	λυσομαι
λυει or λυῃ	λυσει or λυσῃ
λυεται	λυσεται
λυομεθα	λυσομεθα
λυεσθε	λυσεσθε
λυονται	λυσονται

Some verbs which are active in the present tense take a middle form in the future. We have already met ἐσομαι from εἰμι in Chapter Seven.

Hence:

οἱος τ' ἐσομαι γραφειν.   I shall be able to write.
παρεσονται.   They will be present.

Note also the following verbs we have met which have a middle form in the future:

λαμβανω	ληψομαι	I take
φευγω	φευξομαι	I flee
ἀκουω	ἀκουσομαι	I listen to, hear
βαινω	βησομαι	I go

Note that δεχομαι, δεξομαι (= I receive) also has a middle form in the present.

MORE NOUNS OF THE 3RD DECLENSION

We have now met the basic pattern for the 3rd declension and, as in Latin, we know that the stem of a noun is found in the genitive singular. The endings (-α, -ος, -ι, -ες, -ες, -ας, -ων, -σι for masculine and feminine, or -ος, -ι, -α, -α, -α, -ων, -σι for neuter) are added to this stem; but as the following nouns show, sometimes a change occurs, particularly in the dative plural, when the consonant at the end of the stem clashes with the ending.

	old man, m.	child, c.	leader, m.	night, f.	body, n.
nominative	γερων	παις	ἡγεμων	νυξ	σωμα
vocative	γερον	παι	ἡγεμων	νυξ	σωμα
accusative	γεροντα	παιδα	ἡγεμονα	νυκτα	σωμα
genitive	γεροντος	παιδος	ἡγεμονος	νυκτος	σωματος
dative	γεροντι	παιδι	ἡγεμονι	νυκτι	σωματι
nominative	γεροντες	παιδες	ἡγεμονες	νυκτες	σωματα
vocative	γεροντες	παιδες	ἡγεμονες	νυκτες	σωματα
accusative	γεροντας	παιδας	ἡγεμονας	νυκτας	σωματα
genitive	γεροντων	παιδων	ἡγεμονων	νυκτων	σωματων
dative	γερουσι(ν)	παισι(ν)	ἡγεμοσι(ν)	νυξι(ν)	σωμασι(ν)

TIP Note ὀνομα, -ατος name is declined like σωμα, and τα χρηματα money, neuter plural, is declined like σωματα.

Also note that with common nouns it is normal to use the masculine article unless the noun is very obviously feminine.

CLASSICAL GREEK

▦ NUMBERS ONE, TWO AND THREE

The first four numerals in Greek decline, and here are the first three:

	one			two	three	
	m.	f.	n.	m.f.n.	m.f.	n.
nominative	εἱς	μια	ἑν	δυο	τρεις	τρια
accusative	ἑνα	μιαν	ἑν	δυο	τρεις	τρια
genititve	ἑνος	μιας	ἑνος	δυοιν	τριων	τριων
dative	ἑνι	μια	ἑνι	δυοιν	τρισι(ν)	τρισι(ν)

Note the compounds of εἱς, μια, ἑν:

> οὑδεις, οὑδεμια, οὑδεν

and

> μηδεις, μηδεμια, μηδεν

both of which mean 'no one', 'nothing'.

Note also the first two ordinals:

πρωτος, -η, -ον	first
δευτερος, -α, -ον	second

▦ RULES FOR EXPRESSING TIME

1. Duration of time is expressed by the accusative.

    For example: ἠν ἐν τη νησῳ τρεις ἡμερας.
                  He was on the island for three days.

2. Definite 'time when' is expressed by the dative.

    For example: δεξεται το ἀθλον τη δευτερα ἡμερᾳ.
                  He will receive the prize on the second day.

3. Indefinite 'time when' and 'time within which' are expressed by the genitive:

    For example: νυκτος   by night
                  τριων ἡμερων   within three days, in three days, in three days' time

EXERCISE 8.7

Translate into English:

1. οἱ γεροντες οὐ ληψονται τα χρηματα.
2. οἱ ἀγαθοι παιδες οὐ φευξονται ἐκ της νησου.
3. οἱ της στρατιας ἡγεμονες λυσονται τους φιλιους φυλακας.
4. οὐ δικαιον ἐστι βλαπτειν τα των στρατιωτων σωματα.
5. νυκτος ὁ γερων ἐκρυψε τα σωματα.
6. οὐ γραφομεν τα των ἡγεμονων ὀνοματα.
7. οὐδεις ληψεται τα ἀθλα.
8. οἱ συμμαχοι οὐδενα ἐσωσαν ἐν τῃ μαχῃ.
9. οὐδεις παρην ἐν τῃ ἀγορᾳ.
10. οἱ ἡγεμονες δεξονται τρια ἀθλα.

EXERCISE 8.8

Translate into English:

1. οἱ γεροντες οἱοι τ᾽ ἠσαν σῳζειν τους παιδας.
2. των παιδων ὁ μεν πρωτος ἀγαθος ἠν, ὁ δε δευτερος κακος.
3. οἱ παιδες νυκτος βησονται.
4. οἱ ἀδελφοι φευξονται τριων ἡμερων.
5. ἀκουσει την φωνην τριων ἡμερων.
6. παρεσομεθα τρεις νυκτας.
7. τίς ληψεται τα ἀθλα;
8. τίς ἐκελευσε τους παιδας βλαπτειν τα σωματα;
9. ἐκελευσεν ἡμας μη λαμβανειν τα χρηματα.
10. ὁ γερων δεξεται ἀθλον τῃ δευτερᾳ ἡμερᾳ.

EXERCISE 8.9

Translate into Greek:

1. The old men will not be able to take the prizes.
2. On the third day we shall go to Athens.
3. The general hid the prizes in the sea.
4. The boys saved the animals.
5. The judge ordered us not to send the letters.
6. There is terrible danger for the old men.
7. The sun was bad for the boys' bodies.
8. The soldiers will not ransom the horses.
9. The strangers will flee to the islands.
10. The generals will go to Athens by night.
11. The soldiers will hear the voices of the children.
12. The bodies of the old men are in the market-place.
13. It is wise to order the general to go to the island.
14. The doctor looked after me for three days.

CLASSICAL GREEK

Additional exercises (2)

The following exercises are useful for extra practice before you move on to the next section.

EXERCISE 8.10

ι	γ	δ	η	θ	ν	ι	ἀ
δ	α	ε	ι	κ	π	ς	κ
ι	ι	τ	ω	ξ	ε	φ	ο
α	α	ψ	ε	ω	θ	ξ	υ
μ	τ	τ	υ	ξ	σ	ω	σ
ο	ν	κ	σ	λ	ε	χ	ο
σ	ο	π	ρ	ἐ	ξ	δ	ν
υ	σ	φ	ξ	ψ	υ	ω	τ
λ	η	ψ	ο	μ	ε	θ	α
γ	β	ε	η	θ	φ	κ	ι

Translate the following into Greek and find them in the grid on the left:

I shall ransom, he will be, we shall take, you (pl.) will flee, they will go, they will hear, he will receive

EXERCISE 8.11

In each sentence fill the gap with the most suitable of the options beneath. Then translate into English.

1. νυκτος _____ τους των κηρυκων λογους.
   - (a) ἐθυσαμεν
   - (b) ἠκουσαμεν
   - (c) ἠγγειλαμεν
   - (d) ἐγραψαμεν

2. _____ ἐκελευσεν ἡμας στρατευειν.
   - (a) ὁ γερων
   - (b) το σωμα
   - (c) το ὀνομα
   - (d) ἡ νυξ

3. τριων _____ παρεσομεθα ἐν ταις Ἀθηναις.
   - (a) παιδων
   - (b) ἡγεμονων
   - (c) ἡμερων
   - (d) σωματων

4. τῃ δευτερᾳ _____ βησομεθα εἰς την νησον.
   - (a) ὀνοματι
   - (b) νυκτι
   - (c) παιδι
   - (d) σωματι

5. _____ τον κηρυκα τρεις ἡμερας.
   - (a) ἐμειναμεν
   - (b) ἐλυσαμεν
   - (c) ἠγγειλαμεν
   - (d) ἐστρατευσαμεν

6. ὁ νεανιας _____ τα ἀθλα δυοιν ἡμερων.
   - (a) φευξεται
   - (b) ἀκουσεται
   - (c) δεξεται
   - (d) βησεται

EXERCISE 8.12

Complete the following and translate into English:

1. οἱ γερ_____ οὐ ληψ_____ τα χρηματα.
2. οὐ δικαι__ ἐστι βλαπτ___ το του παιδ__ σωμ__.
3. οὐ γραψο___ το του ἡγεμον__ ὀνομα.
4. οἱ στρατιωτ__ ἐσωσ__ οὐδ___ ἐν τῳ πολεμ__.
5. αἱ γυναι___ νυκ___ βησ_____.
6. παρεσο____ τρ___ ἡμερ__.

EXERCISE 8.13

Match the following and translate into English:

1. ὁ γερων δεξεται τα
2. τίς ληψεται
3. οἱ ἀδελφοι φευξονται
4. ὁ πρωτος
5. οἱ ναυται οἱοι
6. οὐδεις
7. ἐκελευσα τον παιδα
8. τί ἐκρυψατε ἐν
9. ἀκουσονται την
10. οὐκ ἀγαθον

(a) τῃ νησῳ, ὦ δουλοι;
(b) παρην ἐν τῃ οἰκιᾳ.
(c) ἀθλα τῃ δευτερᾳ ἡμερᾳ.
(d) τα ὁπλα;
(e) τριων ἡμερων.
(f) ἐστι στρατευειν νυκτος.
(g) παις ἀγαθος ἠν.
(h) φωνην δυοιν ἡμερων.
(i) τ' ἠσαν σῳζειν τους παιδας.
(j) μη λαμβανειν τα χρηματα.

VOCABULARY EIGHT

γερων, -οντος, m.	old man	ὀνομα, -ατος, n.	name
ἡγεμων, -ονος, m.	leader, guide	παις, παιδος, c.	child, boy, girl
κηρυξ, -υκος, m.	herald	σωμα, -ατος, n.	body
νυξ, νυκτος, f.	night	φυλαξ, -ακος, m.	guard
		χρηματα, -ων, n. pl.	money
πρωτος, -η, -ον	first	μεν ... δε	on the one hand etc.
δευτερος, -α, -ον	second		
τριτος, -η, -ον	third	οἱ μεν ... οἱ δε	some ... others
εἱς, μια, ἑν	one	τίς, τί	who?, what?
δυο, δυοιν	two		
τρεις, τρια	three	ἀκουω[1]	I hear, listen
ἐγω, ἐμου/μου	I	βαινω	I go
συ, σου	you (sing.)	δεχομαι	I receive
ἡμεις, ἡμων	we		
ὑμεις, ὑμων	you (pl.)		

[1]ἀκουω is followed by a genitive of the person, but an accusative of the thing.

CHAPTER NINE

❚❚ IMPERFECT MIDDLE: λυω

We have already met the use of the middle in the present tense. We are now going to learn how to form the imperfect middle.

ἐλυομην	I was ransoming
ἐλυου	You were ransoming
ἐλυετο	He/she/it was ransoming
ἐλυομεθα	We were ransoming
ἐλυεσθε	You were ransoming
ἐλυοντο	They were ransoming

❚❚ MORE 3RD DECLENSION NOUNS

Here are two more very common 3rd declension nouns, whose forms need to be carefully learnt.

	ἐτος, ἐτους, n., year	πολις, πολεως, f., city, town
nominative	ἐτος	πολις
vocative	ἐτος	πολι
accusative	ἐτος	πολιν
genitive	ἐτους	πολεως
dative	ἐτει	πολει
nominative	ἐτη	πολεις
vocative	ἐτη	πολεις
accusative	ἐτη	πολεις
genitive	ἐτων	πολεων
dative	ἐτεσι(ν)	πολεσι(ν)

α EXERCISE 9.1

Translate into English:

1. οἱ στρατηγοι ἐλυοντο τους ἀδελφους.
2. νυκτος ἐδεχομεθα τας ἐπιστολας.
3. οἱ πολεμιοι ἐμαχοντο τρια ἐτη.
4. παρημεν ἐν τῃ πολει δυο ἐτη.
5. ἐπει οἱ συμμαχοι ἠσαν ἐν τῃ πολει, οἱ στρατηγοι ἐλυοντο τους φυλακας.
6. ἐπει ὁ ποιητης ἠν ἐν ταις Ἀθηναις, ἐπεμψε τας ἐπιστολας προς τον κριτην.
7. ἐμαχομεθα ἐν τῃ των Ἀθηναιων χωρᾳ.
8. οἱ κηρυκες παρεσονται τριων ἡμερων.
9. οἱ πολιται οὐκ ἐλυοντο τον σοφον κριτην.
10. ἐστι δεινος κινδυνος δια την νοσον.

EXERCISE 9.2

Translate into English:

1. τριων ἐτων οὐκ ἐσται ζῳα ἐν τῃ χωρᾳ.
2. ἠν δεινη νοσος ἐν ταις πολεσιν.
3. ὁ ἡλιος ἐβλαψε τους του ἡγεμονος παιδας.
4. βησονται εἰς την πολιν δια τον του παιδος θανατον.
5. οἱ πολεμιοι φευξονται δια τα του στρατηγου ἐργα.
6. οἱ πολεμιοι ἐμαχοντο ἐν τῃ πολει.
7. κρυψομεν τα ὁπλα ἐν ταις πολεσιν.
8. ὁ κηρυξ ἡγγειλε την των Ἀθηναιων νικην.
9. δεξομεθα τα ὁπλα τριων ἡμερων.
10. ἐμαχομεθα ἐν τῃ νησῳ τρια ἐτη.

EXERCISE 9.3

Translate into Greek:

1. The slave was ransoming the horse with the general's money.
2. The boys were in the city.
3. We were staying in the city for three years.
4. The soldiers will receive the prizes in the second year.
5. The enemy will flee from the country.
6. We shall hear the voices of the heralds.
7. The allies will not take the horses.
8. The boys will go to the city on the second night.
9. Will you (sing.) order the boys to set free the horses?
10. On the third day the old man will ransom the general.

Additional exercises (1)

EXERCISE 9.4

In each sentence fill the gap with the most suitable of the options beneath. Then translate into English.

1. οἱ πολεμιοι ληψονται _____ τριων ἡμερων.
   (a) την σοφιαν
   (b) τον θανατον
   (c) την νοσον
   (d) την πολιν

2. _____ τα ὁπλα εἰς τα πλοια.
   (a) λυσομεν
   (b) βαλλομεν
   (c) ἐμειναμεν
   (d) θεραπευομεν

3. τίς _____ ἐν τῃ νησῳ;
   (a) ἐμαχετο
   (b) ἐλυετο
   (c) ἐπεμπεν
   (d) ἐδεχετο

4. οἱ συμμαχοι _____ την πολιν δυοιν ἡμερων.
   (a) ληψονται
   (b) γραψουσι
   (c) στρατευσουσι
   (d) δεξονται

5. νικην ἐξομεν τριων _____
   (a) πολεων.
   (b) παιδων.
   (c) ἐτων.
   (d) σωματων.

6. ὁ στρατηγος ἐλυετο _____
   (a) την νυκτα.
   (b) τον χρονον.
   (c) τον ἀδελφον.
   (d) το ὀνομα.

EXERCISE 9.5

Complete the following and translate into English:

1. ὁ στρατιωτης ἐλυ___ τον ἀδελφ__.
2. νυκ___ ἐγραφ_ την ἐπιστολ__.
3. παρεσομεθα ἐν τῃ πολει τρι__ ἡμερ__.
4. οἱ κριτ__ παρησαν τρ___ ἡμερ__.
5. δεξομ__ τας βιβλ___ἐν τ_ οἰκι_.
6. ἀρα βησ__ εἰς την πολ__ δια τον του παιδ__ θανατ__;

EXERCISE 9.6

Match the following and translate into English:

1.	οἱ Ἀθηναιοι	(a)	τα χρηματα, ὦ γεροντες;
2.	ἐμαχοντο ἐν	(b)	τῳ κριτῃ, ὦ παι;
3.	οἱ φυλακες παρεσονται	(c)	ἐμαχοντο τρια ἐτη.
4.	τριων ἐτων οὐκ	(d)	στρατιωτας εἰς την πολιν;
5.	ἦν δεινη νοσος	(e)	τῃ πολει.
6.	ὁ ἡλιος ἐβλαψε τον	(f)	τριων νυκτων.
7.	οἱ πολεμιοι φευξονται δια τα	(g)	ἐσονται παιδες ἐν τῃ πολει.
8.	ἀρ' ἐπιστευσας	(h)	ἐν ταις πολεσιν.
9.	ἀρ' ὁ ἡγεμων ἀξει τους	(i)	του στρατηγου παιδα.
10.	ἀρ' ἐκρυψατε	(j)	των πολιτων ἐργα.

🔲 THE PRESENT AND IMPERFECT PASSIVE OF λυω

The present and imperfect tenses of the passive voice of λυω have the same forms as the equivalent middle tenses.

Note that, when translating the passive, the agent by whom an action is performed is expressed by ὑπο plus the genitive case.

For example:

> ὁ ἱππος ἐλυετο ὑπο του στρατηγου.
> The horse was being set free by the general.

The instrument by which an action is performed is expressed by the dative case, with no preposition.

For example:

> ὁ ἱππος ἐκωλυετο τῳ ποταμῳ.
> The horse was being hindered by the river.

🔲 3RD DECLENSION NOUN: *βασιλευς*

Another noun to learn is *βασιλευς* (king), which has one or two slightly unexpected forms:

βασιλευς, -εως, m., king		
	Singular	**Plural**
nominative	*βασιλευς*	*βασιλης*
vocative	*βασιλευ*	*βασιλης*
accusative	*βασιλεα*	*βασιλεας*
genitive	*βασιλεως*	*βασιλεων*
dative	*βασιλει*	*βασιλευσι(ν)*

Note the following phrase:

> *τα του στρατηγου*
> the affairs of the general

This use of the neuter plural article to describe 'things to do with …' is very common.

EXERCISE 9.7

Translate into English:

1. *ἐπειτ᾽ ἐπεμψαμεν τους συμμαχους προς τον βασιλεα.*
2. *οἱ ἱπποι ἐλυοντο ὑπ᾽ ἐμου.*
3. *ἀρ᾽ οἱ παιδες θεραπευονται ὑπο σου;*
4. *οἱ στρατιωται ἐπαιδευοντο ὑφ᾽ ἡμων.*
5. *ἀρα τα τεκνα σῳζεται ὑπο των γεροντων;*
6. *οἱ φυλακες ἐκωλυοντο ὑπο των ξενων.*
7. *ἀρ᾽ οἱ βαρβαροι ἐδιωκοντο ὑφ᾽ ὑμων;*
8. *τα ζῳα θυεται ὑπο του βασιλεως.*
9. *ἡ στρατια ἀγεται ὑπ᾽ ἐμου.*
10. *τριων ἡμερων ὁ βασιλευς ὑμας λυσει.*

EXERCISE 9.8

Translate into English:

1. *ὁ βασιλευς ἐκελευσε τους δουλους διωκειν τους ξενους.*
2. *νυν, ὦ βασιλευ, οἱ φυλακες οὐ παρεισιν.*
3. *οἱ βασιλης βησονται εἰς τας Ἀθηνας.*
4. *τα ἀθλα πεμπεται ὑπο του κριτου.*
5. *οἱ παιδες ἐβλαπτοντο ὑπο των στρατιωτων.*
6. *ὁ φυλαξ ἐφυλασσε τα των στρατηγων.*
7. *ἡ ἐπιστολη ἐγραφετο ὑπο του νεανιου.*
8. *ὁ βασιλευς ἐσῳζετο ὑπο του ἰατρου.*
9. *οἱ βασιλης ἐφυλασσοντο ὑπο του φυλακος.*
10. *οἱ κηρυκες πεμπονται τῃ δευτερᾳ νυκτι.*

CLASSICAL GREEK

EXERCISE 9.9

Translate into Greek:

1.   The king will free the strangers on the third day.
2.   The boys were being looked after by the doctor.
3.   The soldier is being trained by the general.
4.   The army is led to the country by the king.
5.   The animals were being pursued by the guards.
6.   The leaders are being trained by the strangers.
7.   The soldiers on the island are being captured by the enemy.
8.   The house is guarded by the child.
9.   The soldiers will flee by night.
10. We will not have peace within three years.

Additional exercises (2)

Use the following exercises for extra practice.

EXERCISE 9.10

φ	κ	ε	τ	ε	ψ	μ	ε	π
β	υ	ρ	ο	υ	σ	ι	α	β
α	γ	λ	υ	ψ	α	ν	τ	ο
α	γ	ρ	α	ψ	ο	μ	ε	ν
ψ	α	λ	ε	ξ	ο	υ	σ	ι
ε	β	ε	υ	σ	ε	μ	ε	ν
ι	ι	σ	υ	ο	σ	ι	ε	π
δ	ι	ω	ξ	ε	τ	ε	ς	ν
ξ	ο	ι	ε	σ	ω	σ	ο	υ

Translate the following into Greek and find them in the grid on the left:

you (pl.) will pursue, you (sing.) will guard, we shall write, we shall hide, they will say, they will persuade, you (pl.) will send, he will save

EXERCISE 9.11

In each sentence fill the gap with the most suitable of the options beneath. Then translate into English.

1.   οἱ ἵπποι _____ ὑπο του δουλου.
     (a) ἐβαλλοντο
     (b) ἐπειθοντο
     (c) ἐγραφοντο
     (d) ἐλυοντο

2.   _____ ἐθεραπευετο ὑφ' ἡμων.
     (a) ὁ χρονος
     (b) ὁ ὑπνος
     (c) ὁ νεανιας
     (d) ὁ θανατος

3. _____ του γεροντος δεινα ἐστιν.

    (a)   αἱ

    (b)   τα

    (c)   οἱ

    (d)   το

4. τα ζῷα _____ τοις θεοις.

    (a)   ἐγραφετο

    (b)   ἐπεμπετο

    (c)   ἐδιωκετο

    (d)   ἐθυετο

5. οἱ στρατιωται _____ λυειν τους δουλους.

    (a)   ἐκελευοντο

    (b)   ἐσῳζοντο

    (c)   ἐλυοντο

    (d)   ἐλαμβανοντο

6. τα ὁπλα _____ εἰς τους γεροντας.

    (a)   ἐπαυετο

    (b)   ἐβλαπτετο

    (c)   ἐπαιδευετο

    (d)   ἐβαλλετο

EXERCISE 9.12

Complete the following and translate into English:

1. οἱ παι___ θεραπευ____ ὑπο του ἰατρ__ του σοφ__.
2. τα ἀνδρει_ τεκν_ σῳζ___ ὑπο του ἡγεμον__.
3. οἱ φυλα___ ἐκωλυ___ ὑπο των στρατιωτ__.
4. ὁ βασιλ___ ἐκελευσε τον δουλ__ φευγ___.
5. ὁ βασιλ___ βησ____ εἰς τας Ἀθη___.
6. αἱ ἐπιστολ__ ἐγραφ____ ὑφ' ἡμ__.

EXERCISE 9.13

Match the following and translate into English:

1. ἡ πολις ἐσῳζετο
2. ὁ βασιλευς ἐφυλασσετο ὑπο
3. οἱ στρατιωται πεμπονται τῃ
4. τριων ἡμερων οἱ
5. ὁ ἀδελφος πεμπεται
6. αἱ πολεις
7. ἀρ' ἐπεμψας,
8. οἱ φυλακες ἐφυλασσον
9. ἀρ' ἠγγειλατε,
10. ὁ κριτης

    (a)   τα του στρατηγου.

    (b)   δευτερᾳ ἡμερᾳ.

    (c)   ὑπο των στρατιωτων.

    (d)   ὠ γεροντες, την νικην;

    (e)   οὐ νυκτος ἡμας λυσει.

    (f)   του φυλακος.

    (g)   στρατηγοι ὑμας λυσουσιν.

    (h)   εἰς την πολιν.

    (i)   ὠ βασιλευ, τας ἐπιστολας;

    (j)   ἐσῳζοντο ὑπο των συμμαχων.

EXERCISE 9.14

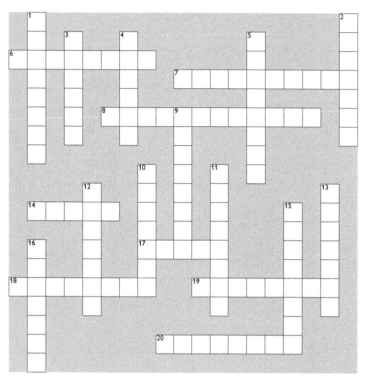

Across

6. ὁ β_____ ἐκωλυσε τους δουλους διωκειν τους ξενους. (8)

7. οἱ βαρβαροι π_____ ἐν τη ἀγορᾳ. (10)

8. οἱ παιδες θ_____ ὑπο των ἰατρων. (12)

14. οἱ του στρατηγου λ_____ χρησιμοι ἠσαν. (5)

17. δεξομεθα τα ὁπλα τ_____ ἡμερων. (5)

18. οἱ των στρατιωτων ἱπποι χ_____ ἠσαν. (8)

19. οἱ ἡγεμονες δ_____ τρια ἀθλα. (8)

20. κ_____ τα ὁπλα ἐν τη γη. (8)

Down

1. οὐ γ_____ τα των ἡγεμονων ὀνοματα. (8)

2. οἱ π_____ ἐλευθεροι οὐκ ἐσονται. (7)

3. ὁ δουλος φ_____ ἠν τω ἀγαθω κριτη. (6)

4. αἱ ἐν ταις Ἀθηναις ν_____ καλαι εἰσιν. (6)

5. οἱ παιδες νυκτος β_____. (8)

9. ὁ συμμαχος οὐ π_____ τω κριτη. (8)

10. τίς λ_____ τα ἀθλα; (7)

11. οἱ γ_____ οὐ ληψονται τα ὁπλα. (8)

12. καλαι ἠσαν οἰκιαι ἐν ταις π_____. (7)

13. ὁ κριτης ἐκελευσε το τεκνον π_____ τας ἐπιστολας. (7)

15. κελευω σε μη β_____ τους φυλακας. (8)

16. τίς ἐκρυψε τα του κ_____ ὁπλα; (7)

VOCABULARY NINE

μαχομαι	I fight; (+ dative of person) I fight with/against
βασιλευς, -εως, m.	king
ἐτος, -ους, n.	year
πολις, -εως, f.	city, state, town
ἐπει	when, since
ἐπειτα	then
ὑπο + genitive	by

CHAPTER TEN

▦ CONTRACTED VERBS IN -εω AND -αω

We now need to learn about contracted verbs. Verbs whose stems end in -ε or -α behave in a way that is a little unexpected, but once you know the rules of contraction, these are quite easy to cope with.

ε contraction verbs

ε followed by ε becomes ει
ε followed by ο becomes ου
ε followed by a long vowel disappears

Thus, the present infinitive is: $\phi\iota\lambda\epsilon + \epsilon\iota\nu = \phi\iota\lambda\epsilon\iota\nu$

present active	present passive
I love	**I am loved**
φιλω	φιλουμαι
φιλεις	φιλει
φιλει	φιλειται
φιλουμεν	φιλουμεθα
φιλειτε	φιλεισθε
φιλουσι(ν)	φιλουνται

future active
I shall love
φιλησω
φιλησεις
φιλησει

φιλησομεν
φιλησετε
φιλησουσι(ν)

imperfect active	imperfect passive
I was loving	**I was being loved**
ἐφιλουν	ἐφιλουμην
ἐφιλεις	ἐφιλου
ἐφιλει	ἐφιλειτο
ἐφιλουμεν	ἐφιλουμεθα
ἐφιλειτε	ἐφιλεισθε
ἐφιλουν	ἐφιλουντο

aorist active
I loved
ἐφιλησα
ἐφιλησας
ἐφιλησε(ν)

ἐφιλησαμεν
ἐφιλησατε
ἐφιλησαν

α contraction verbs

α followed by ε/η becomes α
α followed by o/ω becomes ω
ι becomes subscript; υ disappears

Note that the present infinitive of $-\alpha\omega$ verbs is slightly irregular. It ends in $-\alpha\nu$ without the subscript which you might expect. So, the present infinitive of $\nu\iota\kappa\alpha\omega = \nu\iota\kappa\alpha\nu$.

present active **I conquer**	**present passive** **I am conquered**
$\nu\iota\kappa\omega$	$\nu\iota\kappa\omega\mu\alpha\iota$
$\nu\iota\kappa\alpha\varsigma$	$\nu\iota\kappa\alpha$
$\nu\iota\kappa\alpha$	$\nu\iota\kappa\alpha\tau\alpha\iota$
$\nu\iota\kappa\omega\mu\varepsilon\nu$	$\nu\iota\kappa\omega\mu\varepsilon\theta\alpha$
$\nu\iota\kappa\alpha\tau\varepsilon$	$\nu\iota\kappa\alpha\sigma\theta\varepsilon$
$\nu\iota\kappa\omega\sigma\iota(\nu)$	$\nu\iota\kappa\omega\nu\tau\alpha\iota$
future active **I shall conquer**	
$\nu\iota\kappa\eta\sigma\omega$	
$\nu\iota\kappa\eta\sigma\varepsilon\iota\varsigma$	
$\nu\iota\kappa\eta\sigma\varepsilon\iota$	
$\nu\iota\kappa\eta\sigma\omega\mu\varepsilon\nu$	
$\nu\iota\kappa\eta\sigma\varepsilon\tau\varepsilon$	
$\nu\iota\kappa\eta\sigma\omega\sigma\iota(\nu)$	
imperfect active **I was conquering**	**imperfect passive** **I was being conquered**
$\dot{\varepsilon}\nu\iota\kappa\omega\nu$	$\dot{\varepsilon}\nu\iota\kappa\omega\mu\eta\nu$
$\dot{\varepsilon}\nu\iota\kappa\alpha\varsigma$	$\dot{\varepsilon}\nu\iota\kappa\omega$
$\dot{\varepsilon}\nu\iota\kappa\alpha$	$\dot{\varepsilon}\nu\iota\kappa\alpha\tau\omega$
$\dot{\varepsilon}\nu\iota\kappa\omega\mu\varepsilon\nu$	$\dot{\varepsilon}\nu\iota\kappa\omega\mu\varepsilon\theta\alpha$
$\dot{\varepsilon}\nu\iota\kappa\alpha\tau\varepsilon$	$\dot{\varepsilon}\nu\iota\kappa\alpha\sigma\theta\varepsilon$
$\dot{\varepsilon}\nu\iota\kappa\omega\nu$	$\dot{\varepsilon}\nu\iota\kappa\omega\nu\tau\omega$
aorist active **I conquered**	
$\dot{\varepsilon}\nu\iota\kappa\eta\sigma\alpha$	
$\dot{\varepsilon}\nu\iota\kappa\eta\sigma\alpha\varsigma$	
$\dot{\varepsilon}\nu\iota\kappa\eta\sigma\varepsilon(\nu)$	
$\dot{\varepsilon}\nu\iota\kappa\eta\sigma\alpha\mu\varepsilon\nu$	
$\dot{\varepsilon}\nu\iota\kappa\eta\sigma\alpha\tau\varepsilon$	
$\dot{\varepsilon}\nu\iota\kappa\eta\sigma\alpha\nu$	

TIP Note that these verbs in $-\varepsilon\omega$ and $-\alpha\omega$ are contracted only in the present and imperfect tenses; the other tenses lengthen the final vowel of the stem and are then conjugated like the corresponding tenses of $\lambda\upsilon\omega$. Both ε and α are regularly lengthened to η.

Thus:
$\phi\iota\lambda\eta\sigma\omega$	I shall love
$\dot{\varepsilon}\phi\iota\lambda\eta\sigma\alpha$	I loved
$\nu\iota\kappa\eta\sigma\omega$	I shall conquer
$\dot{\varepsilon}\nu\iota\kappa\eta\sigma\alpha$	I conquered

CLASSICAL GREEK

The following verbs met in this book form their future tense like the (contracted) present tense of φιλεω.

present	future	
ἀγγελλω	ἀγγελω	I announce
βαλλω	βαλω	I throw
μενω	μενω	I remain
μαχομαι	μαχουμαι	I fight

Thus:

ἀγγελω	I shall announce	μαχουμαι	I shall fight
ἀγγελεις	you will announce	μαχει	you will fight
ἀγγελει	he/she/it will announce	μαχειται	he/she/it will fight
ἀγγελουμεν	we shall announce	μαχουμεθα	we shall fight
ἀγγελειτε	you will announce	μαχεισθε	you will fight
ἀγγελουσι(ν)	they will announce	μαχουνται	they will fight

Other contracted verbs to learn are as follows:

present	future	aorist	
ζητεω	ζητησω	ἐζητησα	I seek
ὁραω	ὀψομαι	εἰδον[1]	I see
πλεω	πλευσομαι	ἐπλευσα	I sail
ποιεω	ποιησω	ἐποιησα	I make, do

[1]See Chapter 13

TIP Note the two with a middle form in the future tense.

▦ FURTHER NOUNS OF THE 3RD DECLENSION

The following members of the family behave in a slightly odd way, and should be learnt.

	πατηρ, πατρος, m., father	μητηρ, μητρος, f., mother	θυγατηρ, θυγατρος, f., daughter	ἀνηρ, ἀνδρος, m., man
nominative	πατηρ	μητηρ	θυγατηρ	ἀνηρ
vocative	πατερ	μητερ	θυγατερ	ἀνερ
accusative	πατερα	μητερα	θυγατερα	ἀνδρα
genitive	πατρος	μητρος	θυγατρος	ἀνδρος
dative	πατρι	μητρι	θυγατρι	ἀνδρι
nominative	πατερες	μητερες	θυγατερες	ἀνδρες
vocative	πατερες	μητερες	θυγατερες	ἀνδρες
accusative	πατερας	μητερας	θυγατερας	ἀνδρας
genitive	πατερων	μητερων	θυγατερων	ἀνδρων
dative	πατρασι(ν)	μητρασι(ν)	θυγατρασι(ν)	ἀνδρασι(ν)

Note the following useful words:

ἀει	always
ἐκει	there
ἐνθαδε	here
οὐτε ... οὐτε	neither ... nor

Note that *οὐτε* becomes *οὐθ'* in front of a word beginning with a rough breathing.

EXERCISE 10.1

Translate into English:

1. *νικησομεν τους πολεμιους ἐν τῃ μαχῃ.*
2. *οἱ παιδες πιστευουσιν οὐθ' ἡμιν οὐτε τῃ μητρι.*
3. *αἱ θυγατερες ὁρωσι τους ἐν τῳ στρατοπεδῳ ἀνδρας.*
4. *οὐθ' ὁ πατηρ οὐθ' ἡ μητηρ ἐπλευσεν εἰς την νησον.*
5. *ἡ θυγατηρ ἐσωσε τας βιβλους.*
6. *ὁ βασιλευς ἐποιησε καλα ἐργα.*
7. *ὁρωμεν οὐτε τον στρατηγον οὐτε τους στρατιωτας.*
8. *οἱ ναυται οὐ πλευσονται προς την νησον.*
9. *κελευω ὑμας ποιειν τα ἐργα.*
10. *πιστευομεν οὐτε τοις ἀνδρασιν οὐτε ταις θυγατρασιν.*

EXERCISE 10.2

Translate into English:

1. *οἱ πολεμιοι ἀει ἐνικωντο ὑπο των Ἀθηναιων.*
2. *ὁ βασιλευς φιλειται ὑπο των πολιτων.*
3. *ὁ πατηρ ζητει τους υἱους.*
4. *τας θυγατερας οὐκ ὀψει ἐκει.*
5. *αἱ μητερες φιλουνται ὑπο των υἱων.*
6. *χαλεπον ἐστι ποιειν τα δικαια.*
7. *τίς ἐποιησε το του δουλου ἐργον;*
8. *ὁ στρατηγος ἐζητει τον βασιλεα ἐν τῃ πολει.*
9. *τρεις νυκτας ἐνθαδε μενουμεν.*
10. *τί ποιεις ἐν τῃ οἰκιᾳ, ὡ πατερ;*

EXERCISE 10.3

Translate into Greek:

1. The sailors are sailing from the island.
2. The men are looking for the enemy's weapons.
3. The enemy will not conquer us.
4. We shall see the city from the island.
5. We shall wait for the old man here.
6. The army will fight on the second day.
7. It is always dangerous to sail to the island.

CLASSICAL GREEK

8. We looked for the men in the market-place.
9. I shall not see you at night, o leaders.
10. The sailors will sail on the third day.
11. The daughters loved their mothers.
12. O king, the army is being overcome by the enemy.
13. I shall look for the child's prizes.
14. Did you do bad things on the island, o son?
15. We shall not fight with words but with weapons.

Additional exercises (1)

Make sure you use the following exercises for practice before moving on to the next section.

EXERCISE 10.4

α	κ	ν	η	σ	ο	υ	σ	ο
π	ι	ο	φ	η	σ	υ	κ	ι
ο	ν	ν	υ	α	μ	η	τ	λ
τ	δ	ο	λ	μ	ρ	ε	ο	β
α	υ	ρ	α	υ	κ	γ	ι	μ
μ	ν	χ	κ	ν	ο	β	ν	ο
ο	ο	ω	α	υ	λ	α	η	β
ς	ν	γ	ς	ι	ο	μ	δ	φ
ω	τ	π	ο	λ	ι	τ	α	ς
θ	α	ν	α	τ	ο	ν	σ	ε
ν	ο	σ	ο	υ	κ	ι	κ	ο

Translate the following into Greek and find them in the grid on the left:

guards (acc.), danger (acc.), words (acc.), island (gen.), illness (gen.), citizens (acc.), river (nom.), ally (nom.), children (acc.), honour (nom.), death (acc.), time (acc.)

EXERCISE 10.5

In each sentence fill the gap with the most suitable of the options beneath. Then translate into English.

1. οἱ Ἀθηναιοι οὐκ ἀει νικωσι _____
    (a) τας ἡμερας.
    (b) τα ζῳα.
    (c) τους πατερας.
    (d) τους πολεμιους.

2. δικαιον ἐστιν ἀει πιστευειν _____
    (a) τους δουλους.
    (b) ταις βιβλοις.
    (c) τοις νοσοις.
    (d) τοις πατρασιν.

3. τί _____ ἐνθαδε, ὦ δουλε;
    (a) νικᾳς
    (b) πλεις
    (c) φευγεις
    (d) ποιεις

4. _____ τα χρηματα.
    (a) πλεω
    (b) ζητω
    (c) νικω
    (d) θυω

5. τίς _____ τον βασιλεα ἐν τῃ πολει;
    (a) ὀψεται
    (b) πλευσεται
    (c) φευξεται
    (d) βησεται

6. ἐστι τιμη _____
    (a) ταις φωναις.
    (b) ταις νοσοις.
    (c) τοις ἀνδρασιν.
    (d) ταις ἡμεραις.

EXERCISE 10.6

Complete the following and translate into English:

1. αἱ μητερ__ ὁρ___ τους ἀνδρ__.
2. ἡ θυγατ__ ἐγραψ_ την βιβλ__.
3. ὁ δειν__ βασιλ___ ἐποιησ_ κακ_ ἐργα.
4. ὁ ναυτ__ οὐ πλευσ____ προς την νησ__.
5. οἱ στρατιωτ__ ἐνικ____ ὑπο των πολεμι__.
6. ὁ δεσποτης ἐποιησ_ το τ__ δουλου ἐργ__.

EXERCISE 10.7

Match the following and translate into English:

1. τί ποιεις ἐν τη   (a) καλην νησον.
2. ἀρα μενειτε ἐνθαδε   (b) τους του βασιλεως λογους;
3. καλον ἐστι   (c) οὐ νικησει τους ἰατρους.
4. αἱ μητερες   (d) ποιειν το δικαιον.
5. ὁ στρατηγος ἐζητει   (e) τρεις νυκτας;
6. τίς ἐγραψε   (f) τοις στρατιωταις οὐτε ταις ναυταις.
7. ἐπιστευον οὐτε   (g) οἰκια, ὦ μητερ;
8. ὁ δουλος   (h) οὐ βλαπτονται ὑπο των υἱων.
9. οἱ υἱοι νικωνται   (i) τον δουλον ἐκει.
10. πλευσομεθα προς την   (j) ὑπο της θυγατρος.

PRESENT INFINITIVE MIDDLE AND PASSIVE OF
λυω, νικαω AND φιλεω

Infinitives in Greek have a middle and passive form, and these now have to be learnt. Luckily, the middle and passive forms are identical in the present tense.

Active	Middle	Passive
λυειν, to set free	λυεσθαι, to ransom	λυεσθαι, to be set free
Note also:		
νικαν	νικασθαι	νικασθαι
φιλειν	φιλεισθαι	φιλεισθαι

ὁ βασιλευς ἐκελευσε τον στρατηγον λυεσθαι τους ἱππους.
The king ordered the general to ransom the horses.

αἰσχρον ἐστι νικασθαι ὑπο των βαρβαρων.
It is disgraceful to be defeated by the barbarians.

▦ MORE NOUNS OF THE 3RD DECLENSION

Here are three more nouns to study. As before, you will see that most of the endings are those you would expect, but care needs to be taken in one or two places.

	γυνη, γυναικος, f., woman	*ναυς, νεως,* f., ship	*ὑδωρ, ὑδατος,* n., water
nominative	*γυνη*	*ναυς*	*ὑδωρ*
vocative	*γυναι*	*ναυ*	*ὑδωρ*
accusative	*γυναικα*	*ναυν*	*ὑδωρ*
genitive	*γυναικος*	*νεως*	*ὑδατος*
dative	*γυναικι*	*νηι*	*ὑδατι*
nominative	*γυναικες*	*νηες*	*ὑδατα*
vocative	*γυναικες*	*νηες*	*ὑδατα*
accusative	*γυναικας*	*ναυς*	*ὑδατα*
genitive	*γυναικων*	*νεων*	*ὑδατων*
dative	*γυναιξι(ν)*	*ναυσι(ν)*	*ὑδασι(ν)*

EXERCISE 10.8

Translate into English:

1. *ἐπεισαμεν τους γεροντας λυεσθαι τους παιδας.*
2. *κελευσομεν τας γυναικας δεχεσθαι τα χρηματα.*
3. *δικαιον ἐστι μαχεσθαι τοις πολεμιοις.*
4. *αἰσχρον ἠν βλαπτειν τους παιδας.*
5. *νυν ἑτοιμοι ἐσμεν δεχεσθαι τα ἀθλα.*
6. *χαλεπον ἐσται λυεσθαι τας γυναικας.*
7. *οἱοι τ᾽ ἐσμεν πεμπειν τρεις ναυς.*
8. *αἱ νηες ἠδη ἑτοιμαι ἠσαν.*
9. *αἱ γυναικες εὐθυς ἐπεμψαν τας θυγατερας προς τον βασιλεα.*
10. *οἱ ναυται οὐ μαχουνται ἐν τοις πλοιοις.*

EXERCISE 10.9

Translate into English:

1. *αἰσχρον ἐστι παιδευειν τους ξενους.*
2. *το ὑδωρ ἑτοιμον ἐστιν.*
3. *ἀει χαλεπον ἐστιν ἐν πλοιῳ μαχεσθαι.*
4. *θυομεν τοις θεοις κατα τον νομον.*
5. *ὁ βασιλευς οὐ δικαιος ἐστιν.*
6. *οἱ πολεμιοι εὐθυς βησονται εἰς την πολιν.*
7. *ὁ βασιλευς ἐκελευσε τους συμμαχους μαχεσθαι ἐν τῃ νησῳ.*
8. *ἀει καλον ἐστιν ἀθλα δεχεσθαι.*
9. *ἡ στρατια οὐχ ἑτοιμη ἐσται εἰς τον πολεμον.*
10. *αἱ των πολεμιων νηες οἱαι τ᾽ ἠσαν φευγειν εἰς την νησον.*

EXERCISE 10.10

Translate into Greek:

1. The women were guarding the water.
2. We are staying in the city in accordance with the king's words.
3. The enemy were throwing their weapons into the ships.
4. There's no water in the house.
5. The general ordered the soldiers to ransom the ships.
6. The father persuaded his son to receive the presents.
7. The king gave orders to sacrifice the animals.
8. The herald orders the citizens not to capture the animals.
9. It is always disgraceful to fight in the city.
10. Who harmed the children, lady?

Additional exercises (2)

Here are some more exercises for you to try before moving on.

EXERCISE 10.11

In each sentence fill the gap with the most suitable of the options beneath. Then translate into English.

1. αἱ _____ ἐθεραπευσαν τους
   παιδας.
   (a) ἡμεραι
   (b) οἰκιαι
   (c) νυκτες
   (d) γυναικες

2. ἡ _____ φωνη καλη ἦν.
   (a) της γυναικος
   (b) της σοφιας
   (c) της νοσου
   (d) της ὀργης.

3. αἱ νηες ἑτοιμαι εἰσιν _____
   φευγειν.
   (a) ἐπειτα
   (b) ἠδη
   (c) εὐθυς
   (d) ἐκει

4. ὁ βασιλευς _____ το ὑδωρ εἰς το
   στρατοπεδον.
   (a) ἐπεμψε
   (b) ἐμεινε
   (c) ἐβλαψε
   (d) ἐπαυσε

5. τα της πολεως τειχη _____ ἦν.
   (a) ἀνδρεια
   (b) σοφα
   (c) καλα
   (d) φιλια

6. ὁ ἰατρος _____ ἐθεραπευσε την
   γυναικα.
   (a) ἐτει
   (b) πολεμῳ
   (c) θανατῳ
   (d) ὑδατι

CLASSICAL GREEK

EXERCISE 10.12

			θ	β		ι		
ε			γ		α			
	ι	α			δ			
θ			η		δ			
ι	δ						α	γ
		γ		α				ζ
	β					ε	γ	
	ε		α				ι	
	ζ		ε	η				

Complete this sudoku by adding letters from the Greek alphabet so that the same nine letters exist in each row, each column, and each 3 × 3 box.

EXERCISE 10.13

Complete the following and translate into English:

1. ἐπεισε τους γερ_____ λυ___ τους παι___.
2. ἐκελευσαμεν τους παιδ__ δεχ_____ τας βιβλ___.
3. αἰσχρ__ ἐστι βλαπτ___ τας γυναι___.
4. οἱ στρατιωτ__ ἠδη ἑτοιμ__ εἰσ__.
5. ἀει κακ__ ἐστι μαχεσ___ ἐν τη οἰκ__.
6. ὁ δημ__ οὐκ ἐλευθερ__ ἐσται.

EXERCISE 10.14

Match the following and translate into English:

1. ὁ βασιλευς ἐκωλυσε τους   (a) τ’ ἐστι φευγειν.
2. οἱ πολιται εὐθυς   (b) στρατιωτας μαχεσθαι.
3. οὐκ αἰσχρον ἐστι   (c) γυναικας τοις χρημασιν.
4. οἱοι τ’ ἠσαν πεμπειν   (d) γυναικες οὐκ ἐλευθεραι εἰσιν.
5. ἑτοιμοι   (e) πλοια.
6. δικαιον ἐστι νικαν   (f) παιδευειν τους συμμαχους.
7. ἐκελευσαν τους   (g) τους πολεμιους.
8. δια τον πολεμον αἱ   (h) παιδας δεχεσθαι τα χρηματα.
9. ἡ του βασιλεως ναυς οἱα   (i) ἐσμεν δεχεσθαι τα ἀθλα.
10. οὐ χαλεπον ἐσται λυεσθαι τας (j) βησονται ἐκ της πολεως.

VOCABULARY TEN

ζητεω	I seek	πλεω	I sail
νικαω	I conquer, win	ποιεω	I do, make
ὁραω	I see	φιλεω	I love
ἀνηρ, -δρος, m.	man, husband	πατηρ, -τρος, m.	father
γυνη, -αικος, f.	woman, wife	πολεμος, -ου, m.	war
θυγατηρ, -τρος, f.	daughter	στρατοπεδον, -ου, n.	camp
μητηρ, -τρος, f.	mother	τιμη, -ης, f.	honour
νομος, -ου, m.	law	ὑδωρ, -ατος, n.	water
ναυς, νεως, f.	ship	υἱος, -ου, m.	son
αἰσχρος, -α, -ον	shameful, disgraceful	εὐθυς	immediately
		ἠδη	already
ἑτοιμος, -η, -ον	ready	οὐτε … οὐτε	neither, nor
ἀει	always	κατα + accusative	in accordance with, by way of
ἐκει	there		
ἐνθαδε	here		

CHAPTER ELEVEN

▦ PRESENT PARTICIPLE ACTIVE

The present participle active in Greek ends in -ων and declines as follows:

λυων, setting free	m.	f.	n.
nominative	λυων	λυουσα	λυον
accusative	λυοντα	λυουσαν	λυον
genitive	λυοντος	λυουσης	λυοντος
dative	λυοντι	λυουση	λυοντι
nominative	λυοντες	λυουσαι	λυοντα
accusative	λυοντας	λυουσας	λυοντα
genitive	λυοντων	λυουσων	λυοντων
dative.	λυουσι(ν)	λυουσαις	λυουσι(ν)

Note the forms for the contracted verbs:

	m.	f.	n.
nominative singular	νικων	νικωσα	νικων
accusative singular	νικωντα	νικωσαν	νικων
dative plural	νικωσι(ν)	νικωσαις	νικωσι(ν)
nominative singular	φιλων	φιλουσα	φιλουν
accusative singular	φιλουντα	φιλουσαν	φιλουν
dative plural	φιλουσι(ν)	φιλουσαις	φιλουσι(ν)

The present participle of εἰμι is ὠν = 'being'. Again, note the following forms:

	m.	f.	n.
nominative singular	ὠν	οὐσα	ὀν
accusative singular	ὀντα	οὐσαν	ὀν
dative plural	οὐσι(ν)	οὐσαις	οὐσι(ν)

The present participle describes an action as going on at the same time as the action of the main verb, so:

> διωκων το ζῳον ὁ παις ἐβαλλεν ὁπλα.
> While chasing the animal, the boy was throwing weapons.

> φιλιοι ὀντες, οἱ πολιται ἐθεραπευσαν τους ξενους.
> As they were friendly (lit. being friendly), the citizens looked after the strangers.

A relative clause in English may often be translated in Greek by the participle preceded by the article. For example:

> οἱ τους πολεμιους παιδευοντες οὐ φιλουνται.
> Those who train (= *those training*) the enemy are not loved.

EXERCISE 11.1

Translate into English:

1. οἱ στρατιωται οὐκ ἐφιλουν τους την νικην κωλυοντας.
2. οἱ τῳ βασιλει πιστευοντες ἀει χρηματα ἐχουσιν.
3. φιλουμεν τους τας μαχας κωλυοντας.
4. οἱ το ὑδωρ φυλασσοντες οὐχ οἱοι τ᾽ ἠσαν διωκειν τους παιδας.
5. χαλεπον ἐστι πιστευειν τοις τα ἀθλα λαμβανουσιν.
6. οἱ τας ναυς φυλασσοντες ὀψονται τας ἐν τῃ νησῳ γυναικας.
7. οἱ τας ἐπιστολας γραφοντες φοβον οὐκ ἐχουσιν.
8. οἱ ἐν τῃ πολει μενειν οἱοι τ᾽ ὀντες σοφοι εἰσιν.
9. οἱ την θεαν θεραπευοντες ἀγαθοι ἠσαν.
10. οὐ φιλουμεν τους τας γυναικας βλαπτοντας.

EXERCISE 11.2

Translate into English:

1. κελευσομεν τους τα τεκνα παιδευοντας μη φευγειν.
2. οἱ στρατιωται κωλυσουσι τους ἐκ της πολεως φευγοντας.
3. οἱ πολιται θεραπευουσι τους τους πολεμιους νικωντας.
4. μενουμεν τους εἰς την πολιν στρατευοντας.
5. ἐσται τιμη τοις τον βασιλεα φυλασσουσιν.
6. ὁ του γεροντος υἱος ἐβλαψε τους το στρατοπεδον φυλασσοντας.
7. οἱ προς την νησον πλεοντες μαχουνται ἐν τῃ μαχῃ.
8. οἱ ἐν τῳ στρατοπεδῳ μενοντες βησονται εἰς τας Ἀθηνας.
9. ἀκουομεν των την νικην ἀγγελλοντων.
10. ληψομεθα τους την νικην ἀγγελλοντας.
11. οὐκ ἐπιστευσαμεν τοις κακα λεγουσιν.
12. πεισομεν τους την στρατιαν νικωντας μενειν ἐν τῃ πολει.
13. ζητησομεν τους τα χρηματα λαμβανοντας.
14. οὐ φιλειτε τους ἐκ του στρατοπεδου φευγοντας.
15. οἱ ἀπο της νησου φευγοντες πλευσονται εὐθυς προς τας Ἀθηνας.

EXERCISE 11.3

Translate into Greek:

1. Those believing the heralds will announce the allies' victory.
2. Those looking after the children remained in the city.
3. We shall not believe those announcing the king's victory.
4. While saving the animals the women were guarding the ships.
5. Those writing the letters were not being harmed.
6. Those who remain in the city will not save their slaves.
7. We will guard those hindering the army.
8. Those guarding the camp will not send soldiers to the city.
9. Those who do not believe the king are not being set free.
10. Those who guard the king will have honour.

Additional exercises (1)

Here are some more exercises for you to try before moving on.

EXERCISE 11.4

	σ		ρ		κ	ο		
	κ		ξ				ρ	π
ξ		μ			λ	κ		
μ		ρ		ο			ν	κ
			ν		ξ			
π	ν			μ		σ		ο
		κ	π			ν		λ
σ	π				ο		μ	
		λ	μ		ν		κ	

Complete this sudoku by adding letters from the Greek alphabet so that the same nine letters exist in each row, each column, and each 3 x 3 box.

EXERCISE 11.5

In each sentence fill the gap with the most suitable of the options beneath. Then translate into English.

1. ὁ στρατηγος οὐ φιλει τους την νικην _____
   (a) βαλλοντας.
   (b) πεμποντας.
   (c) θυοντας.
   (d) κωλυοντας.

2. οἱ _____ πιστευοντες τιμην ἑξουσιν.
   (a) τῳ ὑπνῳ
   (b) τῳ βασιλει
   (c) τῳ θανατῳ
   (d) τῳ ὀνοματι

3. οὐκ ὀψομεθα τους την πολιν _____
   (a) διωκοντας.
   (b) μενοντας.
   (c) φυλαττοντας.
   (d) θεραπευοντας.

4. ἐπεισε τους τον βασιλεα _____ μη μενειν ἐν τῃ χωρᾳ.
   (a) γραφοντας
   (b) βαλλοντας
   (c) πιστευοντας
   (d) ζητουντας

5. οἱ προς την νησον _____ οὐκ
   ἐχουσιν ὁπλα.
   (a) πλεοντες
   (b) νικωντες
   (c) μενοντες
   (d) φιλουντες

6. οἱ τον βασιλεα θεραπευοντες
   ἀει _____ εἰς την πολιν.
   (a) βλαπτονται
   (b) γραφονται
   (c) κωλυονται
   (d) πεμπονται

EXERCISE 11.6

Complete the following and translate into English:

1. οἱ τους θε___ οὐ θεραπευ_____ κακ__ εἰσιν.
2. χαλεπ__ ἐστι πιστευ___ τοις κακα λεγ_____.
3. μενομεν τους προς τας Ἀθην__ στρατευ_____.
4. πιστευομεν τοις τ__ νικ__ ἀγγελλ_____.
5. ζητησομεν τους τους ἱππους λαμβαν_____.
6. φιλουμεν τους τα τεκν_ φυλασσ_____.

EXERCISE 11.7

Match the following and translate into English:

1. οἱ τῳ στρατηγῳ
2. οἱ ἐν τη
3. οἱ τα τεκνα
4. οὐ φιλουμεν τους
5. οὐκ ἐσται τιμη τοις
6. οἱ ἐν τη πολει
7. ληψομεθα τους τας
8. οἱ προς την πολιν στρατευοντες
9. οἱ τας ναυς φυλασσοντες ὀψονται
10. ἠκουσαμεν των

(a) την νικην ἀγγελλουσων.
(b) μενοντες πιστευουσι τῳ βασιλει.
(c) ἐκ της πολεως φευγουσιν.
(d) οἰκιᾳ μενοντες σοφοι εἰσιν.
(e) τους πολιτας βλαπτοντας.
(f) τας των ναυτων γυναικας.
(g) πιστευοντες ἐλευθεροι ἐσονται.
(h) φυλαττοντες οὐχ οἱοι τ᾽ ἠσαν φευγειν.
(i) νικησουσι τους φυλακας.
(j) γυναικας βλαπτοντας.

PRESENT PARTICIPLE MIDDLE OF λυω

The present participle middle in Greek ends in –ομενος and declines like σοφος.

λυομενος, -η, –ον   ransoming

οἱ τους στρατιωτας λυομενοι ὑπο του δημου φιλουνται.
Those who are ransoming the soldiers are loved by the people.

EXERCISE 11.8

Translate into English:

1. οἱ τα ἀθλα δεχομενοι ἐχουσι τιμην.
2. οὐ φευξομεθα τον θανατον.
3. ὁ βασιλευς οὐκ ἐπιστευε τοις ἐν τη πολει μαχομενοις.
4. οἱ ἐν τη πολει μαχομενοι ἀθλα οὐχ ἐξουσιν.
5. οἱ τους παιδας λυομενοι οὐ σοφοι ἠσαν.

6. οἱ ἐν τῷ πολεμῷ μαχομενοι τιμην οὐχ ἑξουσιν.
7. οἱ ἐκ της μαχης φευγοντες βησονται εἰς τας Ἀθηνας.
8. τίς πεισει τον βασιλεα σῳζειν τους παιδας;
9. οὐ φιλουμεν τους τον βασιλεα λυομενους.
10. νικησομεν τους ἐν τῇ ἀγορᾳ μαχομενους.

EXERCISE 11.9

Translate into Greek:

1. The army will overcome those fighting in the island.
2. Those who ransom the king will have honour.
3. We do not trust those who are receiving the prizes.
4. Those training the soldiers will not flee.
5. Those who free their slaves are loved by the citizens.
6. In three days the king will persuade the general to fight.
7. He who saves the city is loved by the citizens.
8. The mother's words were terrible for the king.
9. The young men save the city with their arms.
10. The wise slave loves his master's voice.

Additional exercises (2)

You can use the following exercises for practice before moving on to the next section.

EXERCISE 11.10

In each sentence fill the gap with the most suitable of the options beneath. Then translate into English.

1. οἱ τους του βασιλεως δουλους λυομενοι _____ εἰσι φευγειν.
   (a) χαλεποι
   (b) σοφοι
   (c) μακροι
   (d) ἑτοιμοι

2. ληψομεθα τους ἐν τῇ πολει _____
   (a) βαλλοντας.
   (b) μενοντας.
   (c) σῳζοντας.
   (d) παυοντας.

3. οἱ τα ἀθλα _____ τιμην ἑξουσιν.
   (a) μαχομενοι
   (b) λεγοντες
   (c) παιδευοντες
   (d) δεχομενοι

4. τίς_____ ἡμας θυειν ταις θεαις;

    (a) ἐγραψεν
    (b) ἐκελευσεν
    (c) ἐσωσεν
    (d) ἠγγειλεν

5. τί ἐβλαψε τους ἐν_____ μαχομενους;

    (a) τῃ νυκτι
    (b) τῃ πολει
    (c) τῃ ὀργῃ
    (d) τῃ φωνῃ

6. ἡ των πολεμιων στρατια _____ ἐν τῳ στρατοπεδῳ.

    (a) ἐπεμψεν
    (b) ἐπεισεν
    (c) ἐλυσεν
    (d) ἐμεινεν

EXERCISE 11.11

Complete the following and translate into English:

1. οἱ στρατιωται οὐ φευξο____ τον θανατ__.
2. οἱ ἐν τῃ μαχ_ μαχ_____ ἀθλα ἐξ_____.
3. οἱ τα ζωα λυ_____ οὐ σοφ__ εἰσιν.
4. οἱ ἐκ του πολεμ__ φευγ_____ βησ_____ εἰς την πολ__.
5. φιλ_____ τους τῳ βασιλ__ μαχομεν___.
6. οἱ ἐν τῃ ἀγορ_ μαχομ____ οὐ φυλασσ____ τ__ βασιλ__.

EXERCISE 11.12

Match the following and translate into English:

1.   ὁ το   (a) νησῳ μαχομενους.
2.   οἱ πολεμιοι οὐ   (b) τοις κακους λογους λεγουσιν.
3.   ὁ βασιλευς οὐ πιστευσει   (c) ἀθλον δεχομενος τιμην ἑξει.
4.   οἱ ἐν τῃ   (d) τον στρατηγον δωροις λυομενους.
5.   ὁ τον παιδα λυομενος   (e) φευξονται τον θανατον.
6.   οἱ τους πολεμιους   (f) οὐ δικαιος ἐστιν.
7.   οἱ εἰς την νησον   (g) σῳζειν τους ἡγεμονας;
8.   τί πεισει τον στρατηγον   (h) φευγοντες ἐλευθεροι ἐσονται.
9.   οὐ φιλουμεν τους   (i) διωκοντες τιμην ἑξουσιν.
10. οὐ νικησομεν τους ἐν τῃ   (j) πολει μαχομενοι ἀθλα οὐ δεξονται.

EXERCISE 11.13

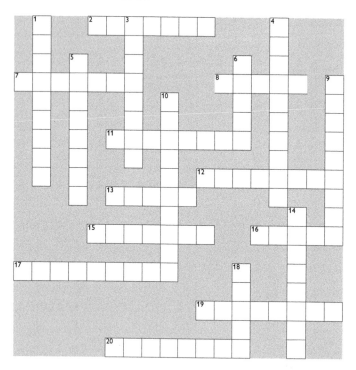

Across

2. ἡ θ_____ ἐσωσε τας βιβλους. (7)
7. τίς πεισει τον β_____ σῳζειν τους παιδας; (7)
8. ὁ κριτης οὐ φιλει τον δ_____. (5)
11. ὁ βασιλευς ἐκωλυσε τους συμμαχους μ_____. (8)
12. φ_____ τους τας μαχας κωλυοντας. (8)
13. οἱ ἀπο της ν_____ φευγοντες πλευσονται εὐθυς εἰς τας Ἀθηνας. (5)
15. οὐ φευξομεθα τον θ_____. (7)
16. μενουμεν ἐνθαδε τ_____ νυκτας. (5)
17. οἱ τα ἀθλα δ_____ τιμην ἐχουσιν. (9)
19. ὁ βασιλευς φ_____ ὑφ’ ἡμων. (8)
20. ἑτοιμοι ἐσμεν δ_____ τα ἀθλα. (8)

Down

1. ὁ σ_____ ἐζητει τον βασιλεα. (9)
3. οἱ ἀνδρες οὐκ ἀει φιλουσι τας γ_____. (8)
4. νικησομεν τους ἐν τῃ ἀγορᾳ μ_____. (10)
5. οἱ πολιται θεραπευουσι τους τους πολεμιους ν_____. (8)
6. ὁ πατηρ ζ_____ τους υἱους. (5)
9. οἱ τας ἐπιστολας γ_____ φοβον οὐκ ἐχουσιν. (9)
10. οἱ ναυται οὐ π_____ εἰς την νησον. (10)
14. ὁ του γ_____ υἱος ἐβλαψε τους το στρατοπεδον φυλασσοντας. (8)
18. ἀει χαλεπον ἐστι μαχεσθαι ἐν τῃ π_____. (5)

🔲 PRESENT PARTICIPLE PASSIVE OF *λυω, νικαω* AND *φιλεω*

As you would expect, the present passive participle has the same form as the middle.

Thus:

λυομενος	being set free
νικωμενος	being conquered
φιλουμενος	being loved

Note the following very useful words:

οὐν (second word)	therefore, so
που;	where?
πως;	how?

EXERCISE 11.14

Translate into English:

1. *οἱ ὑπο των στρατιωτων λυομενοι ἀνδρειοι εἰσιν.*
2. *οὐ φιλουμεν τους ὑπο των πολεμιων διωκομενους.*
3. *μενομεν τους ὑπο του στρατηγου παιδευομενους.*
4. *οὐχ ὁρωμεν τους ὑπο του φυλακος φυλασσομενους.*
5. *οἱ ὑπο του στρατηγου ἀγομενοι φευγουσιν εἰς την πολιν.*
6. *οἱ ὑφ' ὑμων θεραπευομενοι θυουσι τῃ θεᾳ.*
7. *οἱ οὐν πολεμιοι διωξουσι τους ὑπο των στρατιωτων βλαπτομενους.*
8. *οἱ εἰς το στρατοπεδον πεμπομενοι οὐκ ἀνδρειοι ἠσαν.*
9. *ἀει χαλεπον ἐστι φυλασσειν τα της πολεως τειχη.*
10. *ἀει αἰσχρον ἐστι λαμβανειν τα των πολεμιων ἀθλα.*

EXERCISE 11.15

Translate into English:

1. *πως οἱ πολεμιοι οἱοι τ' ἐσονται φευγειν;*
2. *που ἐκρυψατε τα χρηματα, ὠ γεροντες;*
3. *τίς ἐποιησε τα κακα ἐργα;*
4. *αἰσχρον ἐστι κακα λεγειν τῳ βασιλει.*
5. *οἱ ὑπο των στρατιωτων παιδευομενοι δεξονται τα ἀθλα.*
6. *οἱ ὑφ' ὑμων διωκομενοι οὐκ ἀνδρειοι εἰσιν.*
7. *οἱ ὑπο των στρατιωτων λαμβανομενοι μενουσιν ἐν τῳ στρατοπεδῳ.*
8. *που ἐκρυψαν οἱ ἡγεμονες τα των παιδων σωματα;*
9. *οἱ φυλακες οὐ φευξονται ἀπο των τειχων.*
10. *πως ἐπεισας τον βασιλεα λυειν τον κηρυκα;*

EXERCISE 11.16

Translate into Greek:

1. Who persuaded the the leaders to flee?
2. How therefore did you save the city, O general?
3. The city walls are long.
4. Where is the old man's daughter?
5. We will not be able to release the guards.
6. Those who are being healed by us will remain here.
7. Those who are being sent to Athens are loved by the king.
8. We don't look after those who are loved by the enemy.
9. Those who are being led to the market will receive prizes.
10. We don't trust those who are being set free by the leaders.

Additional exercises (3)

Use the following exercises for extra practice.

EXERCISE 11.17

α	τ	ς	β	ο	δ	π	κ	υ	ο	γ
γ	ε	μ	α	π	α	ς	ο	ι	μ	δ
φ	ι	ρ	ε	τ	α	γ	υ	θ	η	υ
τ	χ	α	ε	κ	ν	ι	ρ	ς	τ	ρ
υ	η	ρ	α	η	α	ο	δ	υ	ρ	α
ξ	α	λ	β	ρ	ε	ι	ρ	ε	ο	ν
ς	υ	π	γ	υ	λ	χ	ν	ε	ς	η
φ	ε	ν	ω	κ	ι	α	ν	υ	γ	ι
ι	σ	α	μ	ω	σ	δ	α	ε	β	τ
π	ο	λ	ι	ν	α	ρ	τ	ο	ω	χ
φ	ε	υ	σ	ι	β	ο	χ	ι	ν	ς

Translate the following into Greek and find them in the grid on the left:

guards (acc.), heralds (gen.), old men (acc.), children (nom.), bodies (dat.), night (nom.), city (acc.), king (acc.), fathers (acc.), mother (gen.), daughter (voc.), wives (gen.), ship (gen.), walls (acc.)

EXERCISE 11.18

In each sentence fill the gap with the most suitable of the options beneath. Then translate into English.

1. οἱ ὑπο του_____ λυομενοι ἀνδρειοι
   εἰσιν.
   (a) στρατηγου
   (b) ἡλιου
   (c) δενδρου
   (d) θανατου

2. ἀρα μενεις τους ὑπο_____
   παιδευομενους;
   (a) του στρατηγου
   (b) του κινδυνου
   (c) του ὑπνου
   (d) του ζῳου

3. ὁρωμεν τους ὑπο του
    φυλακος _____
    (a) λεγομενους.
    (b) βαλλομενους.
    (c) φυλασσομενους.
    (d) γραφομενους.

4. πως _____ τον στρατηγον λυειν
    τον δουλον;
    (a) ἐπεμψας
    (b) ἐπεισας
    (c) ἐσωσας
    (d) ἐμεινας

5. που _____ οἱ δουλοι τα των παιδων
    χρηματα;
    (a) ἐκωλυσαν
    (b) ἐθυσαν
    (c) ἐπαυσαν
    (d) ἐκρυψαν

6. τίς _____ τας ἐπιστολας προς τον
    βασιλεα;
    (a) ἐπεμψε
    (b) ἐπαιδευσε
    (c) ἐδιωξε
    (d) ἐμεινε

EXERCISE 11.19

Complete the following and translate into English:

1. οὐ φιλω τους ἐκ της πολ___ διωκομεν___.
2. μενουμεν τους ἀπο των Ἀθην__ πεμπομεν___.
3. ὁρωμεν τον ὑπο των φυλακ__ φυλασσομεν__.
4. οἱ ὑπο του ἰατρ__ θεραπευο_____ οὐκ εἰσιν ἐν τ_ οἰκι_.
5. οἱ προς την νησον πεμπομ____ ἀνδρει__ εἰσιν.
6. ἀγαθ__ ἠν φυλασσ___ τα της πολ___τειχ_.

EXERCISE 11.20

Match the following and translate into English:

1. οἱ ὑπο του
2. ἀρα φιλεις
3. ἀρα μενεις τον ὑπο του
4. οὐ φιλω τον ὑπο του φυλακος
5. οἱ ὑπο του βασιλεως ἀγομενοι
6. ὁ ὑπο των ἰατρων
7. οἱ στρατηγοι οὐ φιλουσι τους
8. τίς φιλει τα
9. πως ἐπεισας τον κριτην
10. που κρυψουσιν οἱ στρατηγοι το

(a) λυειν τας γυναικας;
(b) των πολεμιων κακα ἐργα;
(c) στρατηγου λυομενοι οὐ φιλιοι εἰσιν.
(d) τους ὑπο της γυναικος σῳζομενους;
(e) του βασιλεως σωμα;
(f) ἐκ του στρατοπεδου φευγοντας.
(g) θεραπευομενος θυει τῃ θεᾳ.
(h) οὐ βησονται εἰς το στρατοπεδον.
(i) φυλασσομενον.
(j) κριτου παιδευομενον;

VOCABULARY ELEVEN

τειχος, -ους, n.	wall
οὐν (second word)	therefore, so
που;	where?
πως;	how?

CHAPTER TWELVE

ꆤ PRESENT IMPERATIVE ACTIVE

The present imperative is used to express a general command, as opposed to a specific or one-off command for which the aorist imperative is used. All the commands you meet here will be general ones.

Singular	*ἀει θυε τοις θεοις, ὠ δουλε.* Always sacrifice to the gods, slave.
Contracted	*νικα τους πολεμιους, ὠ στρατιωτα, και φιλει τον στρατηγον.* Conquer the enemy, soldier, and love your general.
Plural	*μη λυετε τους κακους, ὠ φυλακες.* Do not set free the wicked, guards.
Contracted	*νικατε τους πολεμιους, ὠ στρατιωται, και φιλειτε τους συμμαχους.* Conquer the enemy, soldiers, and love your allies.

> **TIP** Note the use of *μη* + present imperative for the negative of a general command.

ꆤ THREE ADJECTIVES: *πολυς, μεγας, πας*

We are now going to learn three very common, but slightly strange-looking adjectives. As you can see, some of the forms are rather peculiar.

πολυς, much, many

	m.	f.	n.
nominative	*πολυς*	*πολλη*	*πολυ*
accusative	*πολυν*	*πολλην*	*πολυ*
genitive	*πολλου*	*πολλης*	*πολλου*
dative	*πολλῳ*	*πολλῃ*	*πολλῳ*
nominative	*πολλοι*	*πολλαι*	*πολλα*
accusative	*πολλους*	*πολλας*	*πολλα*
genitive	*πολλων*	*πολλων*	*πολλων*
dative	*πολλοις*	*πολλαις*	*πολλοις*

μεγας, big, large, great

nominative	*μεγας*	*μεγαλη*	*μεγα*
accusative	*μεγαν*	*μεγαλην*	*μεγα*
genitive	*μεγαλου*	*μεγαλης*	*μεγαλου*
dative	*μεγαλῳ*	*μεγαλη*	*μεγαλῳ*
nominative	*μεγαλοι*	*μεγαλαι*	*μεγαλα*
accusative	*μεγαλους*	*μεγαλας*	*μεγαλα*
genitive	*μεγαλων*	*μεγαλων*	*μεγαλων*
dative	*μεγαλοις*	*μεγαλαις*	*μεγαλοις*

πας, all, every			
nominative	πας	πασα	παν
accusative	παντα	πασαν	παν
genitive	παντος	πασης	παντος
dative	παντι	παση	παντι
nominative	παντες	πασαι	παντα
accusative	παντας	πασας	παντα
genitive	παντων	πασων	παντων
dative	πασι(ν)	πασαις	πασι(ν)

Note the uses of πας

(i) πας in the singular:

> without the article means 'every'
> πασα πολις   every city

> with the article means 'the whole'
> ἡ πασα πολις or πασα ἡ πολις   the whole city, all the city

(ii) πας in the plural

> παντες <u>οἱ</u> στρατιωται   all *the* soldiers
> παντες στρατιωται   all soldiers

Note also that two adjectives agreeing with one noun are coupled by και

> πολλαι και καλαι πολεις   many beautiful cities

EXERCISE 12.1

Translate into English:

1. ἀγε, ὠ παι, τους ἱππους εἰς το στρατοπεδον.
2. μη βαλλε, ὠ γυναι, τας ἐπιστολας εἰς την θαλασσαν.
3. ἀει γραφετε, ὠ ποιηται, καλους λογους.
4. λαμβανε, ὠ πατερ, τα των παιδων χρηματα.
5. μη λεγε, ὠ θυγατερ, κακους λογους.
6. ἀει, ὠ ἀνδρες, παυετε τους πολεμους.
7. μη, ὠ μητερ, μενε ἐν τῃ οἰκιᾳ.
8. μη στρατευετε, ὠ ἡγεμονες, εἰς τας των πολεμιων πολεις.
9. εὐθυς φευγετε, ὠ στρατιωται, ἐκ των κινδυνων.
10. μη, ὠ βασιλευ, πεμπε τους φυλακας ἐκ της χωρας.
11. μη βαινε, ὠ δουλε, προς την νησον.
12. μη, ὠ υἱε, βλαπτε τους παιδας.
13. ἀγγελλε, ὠ κηρυξ, καλους λογους τῳ βασιλει.
14. θεραπευε, ὠ ἰατρε, παντας τους νοσουντας.
15. ἀει λεγε μοι, ὠ κριτα, τους των ποιητων λογους.

EXERCISE 12.2

Translate into English:

1. τῷ πατρι οὐκ ἐστι πολλα χρηματα.
2. τῃ πολει ἠν μεγαλα τειχη.
3. μη λαμβανε, ὠ παι, τα του πατρος χρηματα.
4. πασα ἡ νησος καλη ἐστιν.
5. πασι τοις στρατιωταις ἠν μεγας φοβος.
6. εἰσι πολλαι και καλαι οἰκιαι ἐν τῃ πολει.
7. ἐστι μεγας και δεινος φοβος ἐν τῳ στρατοπεδῳ.
8. πασαι αἱ γυναικες καλαι ἠσαν.
9. παντες οἱ ἐν τῃ πολει ἀνδρες οἱοι τ᾽ ἠσαν μαχεσθαι.
10. παντες οἱ πολεμιοι ἐφευγον εἰς την μεγαλην νησον.
11. ἐμειναμεν πολυν χρονον ἐν τῳ ποταμῳ.
12. πολλα δενδρα ἐχει μακρον βιον.
13. τα ζῳα τα μεγαλα οὐχ οἱα τ᾽ ἐστι φευγειν δια των ποταμων.
14. παντες ποιηται ἐχουσι χαλεπον βιον.
15. ἐγω βασιλευς ἠν μακρον χρονον.

EXERCISE 12.3

Translate into Greek:

1. There are many large ships in the island.
2. Lead your soldiers out of the danger, general.
3. Always write long letters, mother.
4. Don't believe the words of heralds, king.
5. Doctor, look after all old men.
6. Judge, always set free good women.
7. Don't say bad things to judges, son.
8. All the soldiers were ready to fight.
9. There was a terrible disease in the whole country.
10. All the leaders marched to the camp by night.

Additional exercises (1)

Use the following exercises for extra practice.

EXERCISE 12.4

σ	ω	μ	α	τ	ο	ς	ν	ο	υ	ι
ς	ο	δ	ι	α	π	ι	β	ο	γ	ξ
δ	α	φ	θ	υ	γ	α	τ	ε	ρ	α
π	α	τ	ρ	α	σ	ι	ν	ο	τ	λ
ι	ς	α	κ	ι	α	ν	υ	γ	ε	υ
σ	α	ε	λ	υ	τ	ω	ξ	π	ι	φ
υ	β	ε	κ	ι	ν	ρ	ο	ο	χ	ι
α	ω	β	ρ	υ	ο	ε	α	λ	ε	δ
ν	ο	δ	ι	χ	ρ	τ	β	ε	σ	ι
σ	ι	λ	ι	ν	ε	η	α	ω	ι	β
γ	α	μ	ε	ζ	γ	μ	κ	ν	ψ	α

Translate the following into Greek and find them in the grid on the left:

kings (gen.), guards (dat.), old man (acc.), women (acc.), heralds (nom.), mothers (gen.), ships (dat.), nights (acc.), child (gen.), fathers (dat.), cities (gen.), body (gen.), walls (dat.), daughter (acc.)

EXERCISE 12.5

In each sentence fill the gap with the most suitable of the options beneath. Then translate into English.

1. πασα _____ καλη ἠν.
   - (a) δουλος
   - (b) χρηματα
   - (c) βιβλος
   - (d) ἀθλα

2. παντες _____ ἐλεγον δεινα.
   - (a) οἱ ἱπποι
   - (b) οἱ ποταμοι
   - (c) οἱ βαρβαροι
   - (d) οἱ κινδυνοι

3. ἐστι πολλα και μεγαλα _____ ἐν τη πολει.
   - (a) πλοια
   - (b) χρηματα
   - (c) τειχη
   - (d) ἐτη

4. ἐστι παντι _____ μεγαλη τιμη.
   - (a) στρατηγῳ
   - (b) ὑπνῳ
   - (c) κινδυνῳ
   - (d) δενδρῳ

5. μη _____ ὠ βασιλευ, τοις των κηρυκων λογοις.
   - (a) γραφε,
   - (b) λεγε,
   - (c) παυε,
   - (d) πιστευε,

6. μη _____ ὠ παι, ἐν τη οἰκιᾳ.
   - (a) λαμβανε,
   - (b) μενε,
   - (c) βαλλε,
   - (d) στρατευε,

CLASSICAL GREEK

EXERCISE 12.6

Complete the following and translate into English:

1. ἀγ___, ὦ παιδες, τα ζω_ εἰς την ἀγορ__.
2. πιστευε, ὦ ἀν__, τοις γερ_____.
3. μη βλαπτ_, ὦ δουλε, τους παιδ__.
4. μη πεμπε, ὦ βασιλ__, τους φυλακ__ ἐκ της πολεως.
5. μη βαινε, ὦ υἱ_, εἰς την πολ__.
6. λεγετε μ__, ὦ ναυτ__, τους του ἡγεμ____ λογους.

EXERCISE 12.7

Match the following:

1. τῃ μητρι οὐκ
2. ταις πολεσιν ἠν
3. μη λαμβανε,
4. πασα ἡ
5. πασι τοις
6. εἰσι πολλαι και καλαι
7. ἐστι μεγας
8. πασαι αἱ γυναικες
9. πας ἐν τῃ
10. παντες οἱ πολεμιοι

(a) φευξονται εἰς το στρατοπεδον.
(b) ἐστι πολλα χρηματα.
(c) νησος καλη ἠν.
(d) κακαι εἰσιν.
(e) μεγαλα τειχη.
(f) ὦ παι, παντα τα δωρα.
(g) πολει πολιτης ἠθελε φευγειν.
(h) παισιν ἠν μεγας φοβος.
(i) γυναικες ἐν τῃ πολει.
(j) φοβος ἐν τῃ χωρᾳ.

COMPARATIVE AND SUPERLATIVE ADJECTIVES

Adjectives regularly have three degrees of comparison: the positive (*brave*), the comparative (*braver, more brave*) and the superlative (*bravest, very brave*).

Positive	Comparative	Superlative	
ἀνδρειος	ἀνδρειοτερος	ἀνδρειοτατος	brave
δεινος	δεινοτερος	δεινοτατος	strange
δικαιος	δικαιοτερος	δικαιοτατος	just
ἑτοιμος	ἑτοιμοτερος	ἑτοιμοτατος	ready
μακρος	μακροτερος	μακροτατος	long
μικρος	μικροτερος	μικροτατος	small

114

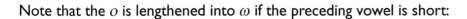

Note that the *o* is lengthened into *ω* if the preceding vowel is short:

Positive	Comparative	Superlative	
πλουσιος	πλουσιωτερος	πλουσιωτατος	rich
φιλιος	φιλιωτερος	φιλιωτατος	friendly
χρησιμος	χρησιμωτερος	χρησιμωτατος	useful
ἐλευθερος	ἐλευθερωτερος	ἐλευθερωτατος	free
σοφος	σοφωτερος	σοφωτατος	wise
χαλεπος	χαλεπωτερος	χαλεπωτατος	difficult

The comparative is declined: ἀνδρειοτερος, -α, -ον
and the superlative is declined: ἀνδρειοτατος, -η, -ον

Irregular comparatives

The following comparatives and superlatives are irregular, and need to be learnt:

Positive	Comparative	Superlative	
ἀγαθος	βελτιων	βελτιστος	good
αἰσχρος	αἰσχιων	αἰσχιστος	shameful
κακος	κακιων	κακιστος	bad
καλος	καλλιων	καλλιστος	beautiful
μεγας	μειζων	μεγιστος	big

Comparatives ending in -*ων* are declined as follows:

singular	m.	f.	n.
nominative	κακιων	κακιων	κακιον
vocative	—	—	—
accusative	κακιονα/κακιω	κακιονα/κακιω	κακιον
genitive	κακιονος	κακιονος	κακιονος
dative	κακιονι	κακιονι	κακιονι
plural			
nominative	κακιονες/κακιους	κακιονες/κακιους	κακιονα/κακιω
vocative	κακιονες/κακιους	κακιονες/κακιους	κακιονα/κακιω
accusative	κακιονας/κακιους	κακιονας/κακιους	κακιονα/κακιω
genitive	κακιονων	κακιονων	κακιονων
dative	κακιοσι(ν)	κακιοσι(ν)	κακιοσι(ν)

CLASSICAL GREEK

Comparisons

Comparisons are regularly expressed by ἤ (*than*), with the same case after it as before. For example:

> ὁ Σωκρατης σοφωτερος ἠν ἤ οἱ ποιηται.
> Socrates was wiser than the poets.

> οἱ Ἀθηναιοι ἐχουσι μικροτεραν στρατιαν ἤ οἱ βαρβαροι.
> The Athenians have a smaller army than the foreigners.

In addition, when two persons or things are directly compared, i.e. when the comparative adjective agrees with the first of them, and with ἤ both would be nominative or accusative, ἤ may be omitted and the genitive of comparison used. So,

> ὁ Σωκρατης σοφωτερος ἠν των ποιητων.
> Socrates was wiser than the poets.

The superlative

Note that the superlative is used to translate both 'most' and 'very'.

> παντων των στρατιωτων ἀνδρειοτατος ἠν ὁ Ἀθηναιος.
> Of all the soldiers the Athenian was the bravest/most brave.

> ἡ γυνη καλλιστη ἠν.
> The woman was very beautiful.

EXERCISE 12.8

Translate into English:

1. ὁ ἡλιος δεινοτατος ἠν.
2. οἱ της πολεως κριται δικαιοτεροι εἰσιν ἤ οἱ της στρατιας στρατηγοι.
3. οἱ στρατιωται ἀνδρειοτεροι εἰσι των στρατηγων.
4. οἱ παιδες βελτιονες ἠσαν ἤ οἱ συμμαχοι.
5. οἱ των Ἀθηναιων στρατιωται μειζονες ἠσαν ἤ οἱ πολεμιοι.
6. ἡ νησος μικροτατη ἠν, ἀλλα καλλιστη.
7. αἰσχιστον ἐστι μη μαχεσθαι.
8. αἱ γυναικες οὐκ ἀει σοφωτεραι εἰσι των ἀνδρων.
9. αἱ της πολεως γυναικες καλλιονες εἰσιν ἤ αἱ των νησων.
10. τα της οἰκιας τειχη μεγιστα ἐστιν.

EXERCISE 12.9

Translate into English:

1. τα των Ἀθηναιων ὁπλα βελτιστα ἠν.
2. ἐτοιμοτεροι ἐσμεν των πολεμιων.
3. χαλεπωτατον ἐσται στρατευειν δια της χωρας.
4. οἱ πολιται πλουσιωτεροι ἠσαν των δουλων.
5. τα πλοια χρησιμωτατα ἡμιν ἐσται.
6. ἡ εἰς την πολιν ὁδος μακροτατη ἐστιν.

7.   μη λεγε, ὠ δουλε, κακιστους λογους.
8.   ἀρ᾽ ἐσμεν, ὠ Ἀθηναιοι, ἐλευθερωτεροι ἠ οἱ βαρβαροι;
9.   αἱ του βασιλεως θυγατερες φιλιωτεραι ἠσαν ἠ οἱ υἱοι.
10. οἱ πολιται σοφωτεροι ἠσαν ἠ ὁ βασιλευς.

EXERCISE 12.10

Translate into Greek:

1.   The Athenian soldiers are braver than the enemy.
2.   The very rich are not always friendly.
3.   It is very difficult to fight with small weapons.
4.   The wisest do not always have a lot of money.
5.   Small islands are not always more beautiful than large ones.
6.   Those fighting in the market-place were very brave.
7.   The soldiers will have the best weapons.
8.   The king is a very strange man.
9.   The citizens were very friendly.
10. It is more shameful to flee than to wait.

Additional exercises (2)

Use the following exercises for extra practice.

EXERCISE 12.11

χ	ρ	η	σ	ι	μ	ο	υ	ς
ν	α	ρ	κ	α	μ	α	ν	ς
ω	ο	λ	υ	α	ι	β	γ	ο
φ	δ	α	ε	ν	κ	τ	α	ι
ο	κ	ι	μ	π	ρ	ο	τ	σ
σ	δ	ε	ι	ν	ο	ς	ν	υ
λ	α	μ	π	α	ν	ι	τ	ο
ο	μ	ε	γ	α	λ	α	ς	λ
δ	ι	κ	α	ι	α	α	β	π
σ	ι	λ	ι	γ	π	μ	κ	η

In this wordsearch, find in the grid on the left the correct form of the adjective to go with the noun in each case:

(strange) λογος, (just) ἐργα, (wicked) ποιητην, (beautiful) πλοια, (long) ὀργην, (large) μαχας, (small) στρατοπεδον, (rich) γερων, (wise) βασιλεων, (dangerous) ὁπλοις, (useful) συμμαχους᾽

EXERCISE 12.12

In each sentence fill the gap with the most suitable of the options beneath. Then translate into English.

1.   νυκτος ὁ κινδυνος _____ ἠν.
     (a)   αἰσχιων
     (b)   μειζων
     (c)   καλλιων
     (d)   βελτιων

2.   ἡ ὁδος _____ ἐσται τῃ δευτερᾳ ἡμερᾳ.
     (a)   δικαιοτερα
     (b)   πλουσιωτερα
     (c)   σοφωτερα
     (d)   χαλεπωτερα

3. ἡ παις _____ ἦν ἡ ἡ μητηρ.
    (a) μακροτερα
    (b) καλλιων
    (c) ἐλευθερωτερα
    (d) χρησιμωτερα

4. ἐσμεν _____ μαχεσθαι.
    (a) σοφωτατοι
    (b) μεγιστοι
    (c) ἑτοιμοτατοι
    (d) βελτιστοι

5. ἡ νοσος _____ ἐσται τοις πολιταις.
    (a) φιλιωτατη
    (b) καλλιστη
    (c) χαλεπωτατη
    (d) ἐλευθερωτατη

6. ἀρ' ἡ τιμη _____ ἐστιν ἡ ἡ σοφια;
    (a) αἰσχιων
    (b) μειζων
    (c) κακιων
    (d) βελτιων

EXERCISE 12.13

Complete the following and translate into English:

1. οἱ πολιτ__ σοφωτερ__ εἰσι των στρατηγ__.
2. ὁ κινδυν__ δεινοτατ__ ἦν.
3. οἱ στρατιωτ__ βελτ____ εἰσιν ἡ οἱ ναυτ__.
4. ἡ πολις μικροτατ_ ἦν ἀλλα καλλιστ_.
5. καλλιστ__ ἐστι μαχ____ τοις πολεμ____.
6. τα της πολ___ τειχ_ καλ_ ἐστιν.

EXERCISE 12.14

Match the following and translate into English:

1. οἱ Ἀθηναιοι
2. οἱ ἀνδρες οὐκ ἀει ἀνδρειοτεροι
3. οἱ των νησων δουλοι σοφωτεροι
4. τα των πολεμιων
5. οἱ κριται πλουσιωτεροι
6. τα χρηματα χρησιμωτερα
7. ἡ ἐκ της πολεως
8. μη, ὦ παιδες,
9. οἱ των Ἀθηναιων κριται
10. οὐκ ἐσμεν ἑτοιμοτεροι

(a) λεγετε κακιστους λογους.
(b) δικαιοτατοι εἰσιν.
(c) ἡ οἱ πολεμιοι.
(d) εἰσι των γυναικων.
(e) ὁπλα βελτιστα ἐστιν.
(f) ἀνδρειοτεροι ἡσαν ἡ οἱ πολεμιοι.
(g) ἡσαν των στρατιωτων.
(h) ἐστιν ἡ τα ὁπλα.
(i) ὁδος μακροτατη ἦν.
(j) ἡσαν ἡ οἱ της πολεως.

VOCABULARY TWELVE

μεγας, μεγαλη, μεγα	large, big, great
πας, πασα, παν	all, every, each
πλουσιος, -α, -ον	rich
πολυς, πολλη, πολυ	much, many
νοσεω	I am ill

CHAPTER THIRTEEN

STRONG AORIST ACTIVE

In Chapter Seven we met the first or weak aorist ending in -α, -ας etc.

Some verbs with consonant stems have another type of aorist, called the **second** or **strong** aorist. This strong aorist has the same endings as the imperfect.

For example, from φευγω I flee, the aorist is ἐφυγον, conjugated as follows:

ἐφυγον	I fled
ἐφυγες	you fled
ἐφυγε(ν)	he/she/it fled
ἐφυγομεν	we fled
ἐφυγετε	you fled
ἐφυγον	they fled

These aorist forms have to be learnt as they are met, some being quite irregular. Verbs met so far which have a strong aorist:

present	aorist	
ἀγω	ἠγαγον	I lead
βαλλω	ἐβαλον	I throw
ἐχω	ἐσχον	I have
λαμβανω	ἐλαβον	I catch
λεγω	εἰπον	I say[1]
ὁραω	εἰδον	I see
φευγω	ἐφυγον	I flee

[1]Note εἰπον, εἰπας, εἰπε(ν), εἰπομεν, εἰπατε, εἰπον

FORMATION AND COMPARISON OF ADVERBS

Adverbs are formed from adjectives by changing the last syllable of the genitive singular into -ως. For example:

Nom. Sing.		Gen. sing.	Adverb	
σοφος	wise	σοφου	σοφως	wisely
καλος	beautiful	καλου	καλως	beautifully

For the comparative the neuter *singular* of the comparative adjective is taken, and for the superlative the neuter *plural* of the superlative adjective. For example:

δεινως	horribly	δεινοτερον	more horribly	δεινοτατα	most horribly
αἰσχρως	disgracefully	αἰσχιον	more disgracefully	αἰσχιστα	most disgracefully

🔲 USE OF τις AND τι

We have already met *τίς* and *τί* in questions meaning *who* and *what?*

This word can also be used, without the accents, as an indefinite pronoun to mean *someone* or *something*. Here is the full declension of *τις*.

	m.	f.	n.
nominative	τις	τις	τι
accusative	τινα	τινα	τι
genitive	τινος	τινος	τινος
dative	τινι	τινι	τινι
	m.	**f.**	**n.**
nominative	τινες	τινες	τινα
accusative	τινας	τινας	τινα
genitive	τινων	τινων	τινων
dative	τισι(ν)	τισι(ν)	τισι(ν)

ἠγαγε τις τους στρατιωτας προς την θαλασσαν. — Somebody led the soldiers to the sea.

εἰδον κακους τινας ἐν τῃ ἀγορᾳ. — I saw some villains in the market-place.

ὁ βασιλευς ἐποιησεν ἀγαθον τι. — The king did something good.

Note the order of the words in the last two.

EXERCISE 13.1

Translate into English:

1. ὁ στρατηγος ἠγαγε τους στρατιωτας εἰς την πολιν.
2. ὁ γερων εἰπε κακον τι.
3. ἀρ' ἐλαβες, ὦ ἀδελφε, τους δουλους;
4. ὁ βασιλευς εἰπε κακους λογους.
5. εἰδομεν τους γεροντας ἐν τῃ νηι.
6. παντες οἱ ξενοι ἐφυγον ἐκ της πολεως.
7. τίς εἰδε τον φυλακα;
8. τί εἰπατε τῳ βασιλει, ὦ στρατηγοι;
9. οἱ ναυται ἐβαλον τα ὁπλα εἰς την θαλασσαν.
10. οἱ στρατιωται ἐλαβον τους ἐν τῃ ἀγορᾳ ἱππους.

EXERCISE 13.2

Translate into English:

1. τί εἰπον οἱ παιδες;
2. εἰπομεν καλους λογους τῳ βασιλει.
3. ὁ ποιητης καλλιον λεγει ἠ ὁ στρατηγος.
4. ὁ βασιλευς σοφωτατα λεγει.

5. οἱ στρατιωται ἀνδρειοτατα ἐμαχοντο.
6. οἱ παιδες ἐβαλον τα χρηματα εἰς την θαλασσαν.
7. ἐλαβε τις τα ἀθλα.
8. ὁ παις ἐσχε δεινον τι ἐν τῃ νηι.
9. ἠγαγε τις τους δουλους ἀπο της οἰκιας.
10. ἀρ' εἰπας κακον τι τῳ πατρι;
11. ὁ δεσποτης ἐποιησε πολλα και κακα.
12. αἰσχρως ἐλαβεν ὁ παις τα του στρατιωτου χρηματα.
13. ὁ γερων δεινως λεγει.
14. εἰδομεν καλην τινα ἐν τῳ δενδρῳ.
15. τί ἐβαλες εἰς τον ποταμον;

EXERCISE 13.3

Translate into Greek:

1. Who led the men to the city?
2. The boy threw something small into the boat.
3. I had something horrible.
4. Somebody took the king's horses.
5. What did the herald say?
6. Nobody fled from the camp.
7. The king spoke very wisely.
8. The allies fought more bravely than the enemy.
9. It is always shameful to say bad things to old men.
10. The boys saw someone in the street.
11. The Athenians always used to fight bravely.
12. The general trained his soldiers badly.
13. All the enemy's boats were very big.
14. The whole army was fighting very bravely.
15. It is difficult to trust somebody wicked.

Additional exercises (1)

EXERCISE 13.4

	ρ	ω	τ			π	υ	
π					ς			ρ
τ			ρ	ψ		·		φ
	τ			φ		χ		ς
		ς	υ		χ	ψ		
ψ		ρ		ω			π	
χ				ς	ρ			τ
υ			ψ					χ
	ψ	φ			υ	ς	ω	

Complete this sudoku by adding letters from the Greek alphabet so that the same nine letters exist in each row, each column, and each 3 x 3 box.

EXERCISE 13.5

In each sentence fill the gap with the most suitable of the options beneath. Then translate into English.

1. ὁ στρατηγος _____ την στρατιαν ἀπο της πολεως.
    - (a) ἐβαλε
    - (b) ἠγαγε
    - (c) ἐφυγε
    - (d) ἐσχε

2. _____ δεινον τινα ἐν τη νηι.
    - (a) ἐφυγομεν
    - (b) εἰπομεν
    - (c) εἰδομεν
    - (d) ἐβαλομεν

3. ὁ φυλαξ _____ αἰσχρον τι ἐν τη πολει.
    - (a) εἰδεν
    - (b) ἐφυγεν
    - (c) ἐβαλεν
    - (d) ἠγαγεν

4. ὁ βασιλευς ἀει _____ λεγει.
    - (a) πλουσιωτατα
    - (b) σοφωτατα
    - (c) ἑτοιμοτατα
    - (d) μικροτατα

5. οὐ πιστευομεν τοις _____
    - (a) μικροις.
    - (b) κακοις.
    - (c) δικαιοις.
    - (d) ἀνδρειοις.

6. οἱ παιδες _____ καλον τι ἐκ της οἰκιας.
    - (a) εἰπον
    - (b) ἐλαβον
    - (c) εἰδον
    - (d) ἐσχον

EXERCISE 13.6

Complete the following and translate into English:

1. ἀρ' ἐλαβετε, ὠ παι___, τους ἱππ___;
2. εἰδ____ τους φυλ____.
3. οἱ ποιητ__ καλλ___ λεγ_____ ἠ οἱ δουλ__.
4. ἡ στρατι_ ἀνδρειοτα__ ἐμαχ___.
5. ἐλαβ_ τι_ τα χρημα__.
6. ἀει φιλι__ δεχομεθα τ___ κηρυκ__.

EXERCISE 13.7

Match the following and translate into English:

1. παντες οἱ παιδες
2. εἰπομεν κακους
3. οἱ παιδες ἐποιησαν δεινον
4. ἠγαγε τις τους δουλους
5. ὁ ποιητης ἐποιει πολλα
6. τί ἐβαλεν ὁ νεανιας
7. που εἰδετε τα
8. τί ἐβαλετε εἰς τον
9. πως ἐφυγες ἀπο της
10. ἀρ' ἠγαγες

- (a) πολεως, ὠ πατερ;
- (b) δενδρα, ὠ παιδες;
- (c) ἐφυγον ἐκ της οἰκιας.
- (d) τους πολεμιους, ὠ στρατηγε;
- (e) ποταμον, ὠ στρατιωται;
- (f) τι ἐν τη πολει.
- (g) λογους τῳ κριτῃ.
- (h) εἰς την θαλασσαν;
- (i) και καλα.
- (j) ἐκ του στρατοπεδου.

IMPERFECT OF VERBS BEGINNING WITH A VOWEL

When the augment is added to a verb beginning with a short vowel, a lengthening of the vowel usually occurs as follows:

$$\varepsilon + \alpha = \eta$$
$$\varepsilon + \varepsilon = \eta$$
$$\varepsilon + o = \omega$$

present	imperfect	
ἀγγελλω	ἠγγελλον	I announce
ἀγω	ἠγον	I lead
ἀκουω	ἠκουον	I listen to, hear

In some cases the change is a little unexpected:

ἐχω	εἰχον	I have
ὁραω	ἑωρων	I see

AORIST MIDDLE OF λυω

The next tense to learn is the aorist middle, which goes as follows:

ἐλυσαμην	I ransomed
ἐλυσω	You ransomed
ἐλυσατο	He/she/it ransomed
ἐλυσαμεθα	We ransomed
ἐλυσασθε	You ransomed
ἐλυσαντο	They ransomed

Similarly:

present	aorist	
δεχομαι	ἐδεξαμην	receive
μαχομαι	ἐμαχεσαμην	fight

USES OF αὐτος, αὐτη, αὐτο

αὐτος, αὐτη, αὐτο is declined like σοφος, -η, -ον except that the nominative and accusative of the neuter singular end in -ο and there is no vocative. It has the following uses:

1. To translate 'self', i.e. the emphatic pronoun. In this sense αὐτος is never placed between the article and the noun. For example:

    ὁ στρατηγος αὐτος or αὐτος ὁ στρατηγος
    The general himself

2. In all cases except for the nominative it is like the Latin *eum, eam, id*. For example:

    ἡ στρατια ἐκωλυσεν αὐτον.
    The army hindered him.

3. There is no possessive adjective of the 3rd person. Greek uses the genitive of αὐτος (αὐτου, αὐτης, αὐτου) for *his, her* and *its* when these are not reflexive. This genitive always follows the noun to which it refers. The plural is αὐτων.

    ἐλυσα τον δουλον αὐτων.
    I set free their slave.

4. When αὐτος is preceded by the article it means 'the same'. So,

    ἡ αὐτη γυνη   το αὐτο
    The same woman   The same thing

EXERCISE 13.8

Translate into English:

1. ὁ κηρυξ ἠγγελλε την των συμμαχων νικην.
2. οἱ ἡγεμονες ἠγον τους στρατιωτας ἀπο της πολεως.
3. ἠκουομεν την της γυναικος φωνην.
4. τους πολεμιους ἀει νυκτος ἑωρωμεν.
5. ἐλυσαμεθα παντας τους του βασιλεως δουλους.
6. παντες οἱ παιδες ἐδεξαντο ἀθλα.
7. ἀνδρειως ἐμαχεσαμεθα ἀλλ' οὐκ ἐνικησαμεν τους πολεμιους.
8. ὁ βασιλευς αὐτος εἰδεν αὐτους ἐν τη πολει.
9. ἀρ' ἐλυσω την γυναικα αὐτου, ὦ πατερ;
10. οἱ Ἀθηναιοι ἀει θεραπευουσι τους αὐτους θεους.

EXERCISE 13.9

Translate into English:

1. πασαι αἱ γυναικες ἐδεξαντο το αὐτο ἀθλον.
2. οἱ στρατιωται ἐλαβον τους ἱππους αὐτων.
3. οἱ αὐτοι νεανιαι ἐφυγον εἰς την μεγαλην νησον.
4. πας στρατιωτης ἑτοιμος ἠν φευγειν.
5. κατα τους του στρατηγου λογους ὁ βασιλευς αὐτος πλευσεται προς την νησον.
6. παντες οἱ παιδες βησονται εἰς την πολιν.
7. ληψομεθα παντα τα των παιδων ἀθλα.
8. ἐλαβε τις τας του νεανιου βιβλους.
9. ἐπεισαμεν τον βασιλεα λεγειν τους αὐτους λογους.
10. ὁ πατηρ ἐκελευσε παντας τους παιδας φυλαττειν την οἰκιαν.

EXERCISE 13.10

Translate into Greek:

1. The king himself was announcing the victory.
2. We were listening to him in the market-place.
3. The general always used to lead the same army.
4. Where did you (pl.) see the boys? We saw them in the city.
5. We were listening to his father.
6. The rich man had three houses in the city.
7. The woman said the same thing to all the judges.
8. We always see the same boys in the street.
9. The king himself was leading the soldiers into battle.
10. We always all sail to the same island.
11. Where is her father? I don't see him.
12. Somebody was announcing the victory of the allies.
13. We saw him in the house.
14. Somebody heard the herald's voice.
15. The king's daughter said the same words.

Additional exercises (2)

Here are some more exercises for you to practise before moving on.

EXERCISE 13.11

In each sentence fill the gap with the most suitable of the options beneath. Then translate into English.

1. ὁ κηρυξ _____ την νικην.
   (a) ἦγε
   (b) ἦγγελλε
   (c) εἰχε
   (d) ἑωρα

2. ὁ στρατηγος _____ ἐδεξατο το ἀθλον.
   (a) αὐτον
   (b) αὐτους
   (c) αὐτος
   (d) αὐτου

3. ἡ στρατια ἀνδρειοτατα _____
   (a) ἐδεξατο.
   (b) ἐλυσατο.
   (c) ἐφυλασσεν.
   (d) ἐμαχετο.

4. ἐλυσαμεν τον ἱππον_____
   (a) αὐτους.
   (b) αὐτας.
   (c) αὐτου.
   (d) αὐτος.

5. τί _____ ὡ παι, ἐκ της οἰκιας;
   (a) ἐφυγες,
   (b) ἐλαβες,
   (c) εἰπας,
   (d) ἐσχες,

6. τίς _____ τους ἱππους εἰς την πολιν;
   (a) ἠκουε
   (b) ἠγγελλε
   (c) εἰχε
   (d) ἦγε

EXERCISE 13.12

Complete the following and translate into English:

1. οἱ ἡγεμον__ ἡγ__ την στρατι__ εἰς το στρατοπεδ__.
2. ἐλυσαμ__ παντ__ τους του βασιλ___ ἱππ___.
3. οἱ βασιλ__ αὐτ__ εἰδ__ αὐτην ἐν τῃ πολει.
4. πα___ αἱ γυναικες βησ_____ εἰς την αὐτ__ πολ__.
5. ὁ κριτ__ αὐτ__ πλευσ____ ἀπο της νησ__.
6. ἐπεισα τους παιδ__ ἀκου___τους αὐτ___ λογ___.

EXERCISE 13.13

Match the following and translate into English:

1. οἱ κηρυκες ἀγγελλουσι
2. ἐλυσας παντα
3. οἱ ναυται ἐλαβον τα
4. πας πολιτης ἑτοιμος ἦν
5. πασαι αἱ γυναικες
6. οὐ ληψεται παντα
7. ἐλαβε τις τας
8. οἱ αὐτοι ἀνδρες ἐφυγον εἰς την
9. ἡ μητηρ κελευσει παντας τους παιδας
10. ἠκουσαμεν την του

(a) ἀνδρος φωνην.
(b) του κριτου ἐπιστολας.
(c) μενειν ἐν τῃ οἰκιᾳ.
(d) πλοια αὐτων.
(e) τας των πολεμιων νικας.
(f) τα του κριτου ζῳα.
(g) μαχεσθαι.
(h) τα των παιδων δωρα.
(i) μικραν πολιν.
(j) βαινουσιν ἐκ της πολεως.

EXERCISE 13.14

Across

2. παντες οἱ πολεμιοι ἐφευγον εἰς την μ_____ νησον. (7)
4. ἐσμεν ἑτοιμοτεροι των π_____. (8)
5. πως οἱ παιδες οἱοι τ'ἐσονται φ_____; (7)
10. ὁ πολεμος δ_____ ἠν. (10)
13. ὁ δ_____ ἐποιησε πολλα και καλα. (8)
15. τῳ πατρι οὐκ ἐστι π_____ χρηματα. (5)
16. ἡ εἰς την πολιν ὁδος μ_____ ἐστιν. (9)
17. λ_____ παντα τα των πολιτων ἀθλα. (8)
19. ὁ δεσποτης οὐκ ἐστι κ_____, ὠ δουλε. (8)
20. ὁ φ_____ οὐκ εἰδε τους πολεμιους. (5)
21. μη κακα π_____, ὠ παι. (5)
22. αἱ του κριτου θυγατερες φ_____ ἠσαν ἠ οἱ υἱοι. (10)
23. οἱ εἰς το στρατοπεδον π_____ οὐκ ἀνδρειοι ἠσαν. (10)
24. οἱ πολεμιοι δ_____ τους ὑπο των στρατιωτων βλαπτομενους. (8)

Down

1. ὁ β_____ σοφως λεγει. (8)
3. γ_____ τα των στρατιωτων ὀνοματα, ὠ ποιηται. (7)
6. ν_____ ἐωρωμεν τους φιλους. (6)
7. ὁ κριτης αὐτος π_____ εἰς την νησον. (9)
8. που ἐκρυψαν οἱ παιδες τα των ζῳων σ_____; (6)
9. μη μενε ἐν τη νηι, ὠ μ_____. (5)
11. παντες οἱ παιδες ἐφυγον ἐκ της π_____. (6)
12. ὁ δ_____ ἀει ἐθελει πλουσιωτερος εἰναι. (5)
14. οἱ βαρβαροι π_____ ἠσαν των Ἀθηναιων. (12)
18. π_____ αἱ παιδες καλαι ἠσαν. (5)

VOCABULARY THIRTEEN

αὐτος, -η, -ο	self; him, her, it, them; the same
τις, τι	a certain, someone, anyone

CHAPTER FOURTEEN

▦ MORE COMMON VERBS, MOSTLY IRREGULAR

Learn these verbs and their parts.

present	imperfect	future	aorist	
ἀποθνησκω	ἀπεθνησκον	ἀποθανουμαι	ἀπεθανον	I die
ἀποκτεινω	ἀπεκτεινον	ἀποκτενω (εω)	ἀπεκτεινα	I kill
ἐθελω	ἠθελον	ἐθελησω	ἠθελησα	I wish
ἐρχομαι	ἠα[1]	εἰμι[2]	ἠλθον	I go
εὑρισκω	ηὑρισκον	εὑρησω	ηὑρον	I find
καθευδω	ἐκαθευδον	καθευδησω	-	I sleep
καθιζω	ἐκαθιζον	καθιω (εω)	ἐκαθισα	I sit
λειπω	ἐλειπον	λειψω	ἐλιπον	I leave
παρασκευαζω	παρεσκευαζον	παρασκευασω	παρεσκευασα	I prepare
πιπτω	ἐπιπτον	πεσουμαι	ἐπεσον	I fall

[1]The imperfect

ἠα	ἠμεν
ἠεισθα	ἠτε
ἠει(ν)	ἠσαν

[2]The future

εἰμι	ἰμεν
εἰ	ἰτε
εἰσι(ν)	ἰασι(ν)

Note also that the aorist of βαινω *I go* is ἐβην, ἐβης, ἐβη, ἐβημεν, ἐβητε, ἐβησαν

▦ CONNECTION OF SENTENCES

So far, the Greek exercises have consisted of separate sentences. When continuous Greek is written, every sentence is connected with the previous sentence by means of a particle, showing how the new matter is related to what went before. These particles need not be translated unless the sense requires it.

1. Coming first word in the sentence

και	and, also
ἀλλα	but

2. Coming second word in the sentence

δε	and, but
γαρ	for
οὐν	accordingly, therefore

EXERCISE 14.1

Translate into English:

1. οἱ ἀλλοι στρατιωται ἀπεθανον μετα την μαχην.
2. οἱ φυλακες οὐκ ἀπεκτειναν τους παιδας.
3. που ἐλιπετε τα σωματα, ὠ στρατιωται;

4. ἀρ᾽ ἐθελεις μονος παιδευειν τους παιδας;
5. ἀει ἐθελουσι νυκτος καθιζειν μεθ᾽ ἡμων.
6. λειψομεν το στρατοπεδον τῃ δευτερᾳ ἡμερᾳ.
7. ἡ γυνη ἐκαθιζε μονη ἐπι του τειχους.
8. ὁ γερων ηὑρε τα χρηματα ἐν τῃ νησῳ.
9. οἱ ἀλλοι συμμαχοι ἠλθον εἰς την πολιν.
10. ὁ ἀνδρειος ἀνηρ ἐπεσεν ἀπο του τειχους.
11. ἱμεν μετ᾽ ὀλιγων συμμαχων προς τα τειχη.
12. ὁ βασιλευς μονος οὐκ ἠθελεν ἀποκτεινειν τους ξενους.
13. οἱ ἀλλοι πολεμιοι ἀποθανουνται τῃ δευτερᾳ ἡμερᾳ.
14. οἱ ἐν τῳ στρατοπεδῳ φυλακες ἐκαθευδον.
15. ὁ φυλαξ ἐκαθισε μονος ἐπι του τειχους.

EXERCISE 14.2

Translate into English:

1. οἱ ναυται παρεσκευασαν τα ἀλλα πλοια.
2. ἐπει ὁ στρατηγος ἐλιπε το στρατοπεδον, παντες οἱ στρατιωται ἐφυγον.
3. οὐκ ἠλθομεν εἰς την πολιν ὁτι ὁ βασιλευς ἐκει παρην.
4. ἐρχομεθα μετα των συμμαχων εἰς το στρατοπεδον.
5. τί ἐθελεις, ὠ υἱε;
6. νυν παρασκευαζομεν παντας τους ἱππους.
7. μη λειπετε, ὠ φυλακες, τα τειχη.
8. εὑρησεις τας γυναικας, ὠ παι, ἐν τῃ ἀλλῃ οἰκιᾳ.
9. ὁ στρατηγος ἀπεκτεινε τον στρατιωτην ἐν τῳ στρατοπεδῳ.
10. οἱοι τ᾽ ἐσμεν εὑρισκειν οὐτε τον υἱον οὐτε την θυγατερα.
11. ὁ βασιλευς μονος νυκτος καθευδησει ἐν τῃ ἀλλῃ οἰκιᾳ.
12. οἱ βαρβαροι ἀποκτενουσιν οὐτε τους συμμαχους οὐτε τους ξενους.
13. οἱ ἀλλοι γεροντες ἐβησαν μεθ᾽ ἡμων.
14. μετα την μαχην ὀλιγοι πολεμιοι ἐβησαν προς την νησον.
15. χαλεπον ἐστι παρασκευαζειν τα ὁπλα.

EXERCISE 14.3

Translate into Greek:

1. The king will die on the third day.
2. We alone left the other camp.
3. We all sat down and went to sleep.
4. The king will go into the city with a few guards.
5. Who killed the general?
6. Three soldiers were killed in the battle.
7. We always find money in the streets.
8. Sit down, son, and speak to me beautiful words.
9. The soldiers found nobody in the camp.
10. I shall not leave the money in the house.

CLASSICAL GREEK

EXERCISE 14.4

Translate into Greek:

1. We shall prepare the camp because the enemy will be here in two days.
2. All the other guards were sleeping in the same house.
3. The other daughters were sitting on the wall.
4. Guards, you will not find the weapons on the island.
5. The king went at once to the ship.
6. The general alone will not kill all the enemy.
7. We shall sit with the young men and wait for the rest of the women.
8. All the guards will go to the other camp at night.
9. The old men were going to the city with the judge.
10. Many citizens were dying because of the disease.
11. The guard fell from the city wall.
12. The rest of the women will go immediately.
13. The king was sitting alone waiting for his son.
14. I shall not fall from the horse.
15. You will not find the rest of the money.

Additional exercises

Here are some extra exercises to ensure you have plenty of practice.

EXERCISE 14.5

In each sentence fill the gap with the most suitable of the options beneath. Then translate into English.

1. ἐβην εἰς την πολιν _____ των παιδων.
   - (a) ἀπο
   - (b) ἐκ
   - (c) μετα
   - (e) ἐπι

2. ἐπει ὁ στρατηγος _____ ἐπι του ἱππου, ἐπεσεν.
   - (a) ἐλειπεν
   - (b) ἐκαθιζεν
   - (c) ἀπεκτεινεν
   - (d) ἐβαλλεν

3. τρεις στρατιωται _____ ἐν τη μαχῃ.
   - (a) ἐλιπον
   - (b) ἀπεθανον
   - (c) ἠλθον
   - (d) εἰδον

4. μη _____ τους δουλους, ὦ δεσποτα.
   - (a) θυε
   - (b) ἀποκτεινε
   - (c) βαλλε
   - (d) πιστευε

5. οἱ φύλακες _____ ἀπο του τειχους.
    (a) ἐλαβον
    (b) εἰδον
    (c) ἐπεσον
    (d) ηὑρον

6. οἱ ἀλλοι παιδες _____ μετα των γεροντων.
    (a) ηὑρον
    (b) ἐσχον
    (c) ἐβαλον
    (d) ἠλθον

EXERCISE 14.6

Complete the following and translate into English:

1. οἱ στρατιωτ__ οὐκ ἀπεκτειν__ τους δουλ___.
2. ἀρ' ἐθελεις μονο_ εὑρισκ___ τα χρημ___;
3. λειψ__ την πολ__ τῃ τριτ_ ἡμερ_.
4. οἱ γεροντ__ ηὑρ__ τους παιδ__ ἐν τ_ ἀγορ_.
5. εἰσι μετα των φιλ__ εἰς τ_ στρατοπεδ__.
6. ὁ στρατηγ__ μον__ οὐκ ἐθελ__ ἀποκτειν___ τον βασιλ__.

EXERCISE 14.7

Match the following and translate into English:

1.	χαλεπον ἐσται	(a)	ὠ υἱε;
2.	μετα την νικην οἱ	(b)	των παιδων.
3.	ὁ στρατηγος μονος	(c)	λειπετε τας ναυς.
4.	οἱοι τ' ἐσεσθε εὑρισκειν οὐτε	(d)	ἀποκτεινειν παντας τους πολεμιους.
5.	μη, ὠ ναυται,	(e)	δουλον ἐν τῃ οἰκιᾳ.
6.	τί ἐθελεις,	(f)	πολιν ὁτι οἱ πολεμιοι οὐ παρησαν.
7.	ὁ παις ἐκαθιζε	(g)	στρατιωται ἐβησαν εἰς το στρατοπεδον.
8.	ἠλθεν εἰς την	(h)	τον πατερα οὐτε την μητερα.
9.	ὁ δεσποτης ἀπεκτεινε τον	(i)	μονος ἐν τῃ οἰκιᾳ.
10.	αἱ ἀλλαι γυναικες ἐβησαν μετα	(j)	ἐμενεν ἐν τῳ στρατοπεδῳ.

CLASSICAL GREEK

EXERCISE 14.8

Across

1. οἱ σ_____ ἦλθον εἰς το στρατοπεδον. (8)
3. ὁ δουλος ἀπεκτεινε τον σ_____. (9)
4. ἠκουσαμεν την του βασιλεως φ_____. (5)
6. ὁ ἀνδρειος ἀνηρ ἦλθεν προς το τ_____. (6)
7. ἐλαβε τις τας του τεκνου β_____ (7)
8. οἱ του στρατηγου π_____ ἐδεξαντο τα ἀθλα. (6)
9. ὁ στρατηγος μ_____ οὐκ ἠθελεν ἀποκτεινειν τους βαρβαρους. (5)
10. εἰπομεν κακους λ_____ τῳ των πολεμιων ἡγεμονι. (6)
13. ὁ παις ηὑρε τα χ_____ ἐν τῳ στρατοπεδῳ. (7)
16. μη λ_____, ὠ φυλακες, την πολιν. (7)
17. οἱ ἀλλοι σ_____ ἀπεκτειναν τους δουλους. (10)
18. χαλεπον ἐστι π_____ πολλα πλοια. (13)

Down

1. ὁ στρατηγος ἦλθεν εἰς το σ_____. (11)
2. οἱ ἀλλοι παιδες ἐβησαν μετα των γ_____. (8)
5. οἱ φ_____ ἐκαθευδον ἐν τῃ οἰκιᾳ. (7)
9. ἡ γυνη ἐκαθιζε μ_____ ἐν τῃ ἀγορᾳ. (4)
11. νυκτος ἀει ἐθελομεν κ_____.(9)
12. ἀρ' ἐλυσας, ὠ π_____, τους ἱππους αὐτου; (5)
14. οἱ ναυται ἦλθον εἰς τα ἀλλα π_____. (5)
15. ἐρχομεθα μ_____ των γυναικων εἰς την οἰκιαν. (4)

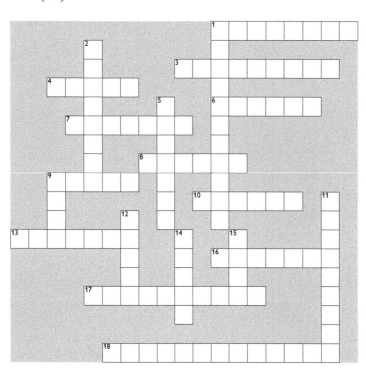

ACCENTS

Although they have not been used in this book (except on the interrogative *τίς*), most ancient Greek words are usually printed with accents. These accents were not used by the main classical authors themselves; rather they were devised in Alexandria about 200 BC as an aid to pronunciation, and originally indicated changes in pitch. Sometimes words which are spelt the same can be distinguished by their different accentuations.

There are three accents: acute (´), grave (`) and circumflex (ˆ). You are not expected to use them – the system by which they operate is really quite complex – but to accustom you to the usual appearance of printed classical Greek, they have been used in this final section of continuous narrative.

The Battle of Marathon

The Battle of Marathon took place in 490 BC and essentially brought to an end the first attempt by the Persians, under Darius I, to subjugate Greece. The Persians' main aim at this time was to punish Athens and Eretria for the support they had given to the Ionian cities during the Ionian[1] revolt (499–494 BC); but they had the general aim also of bringing Greece fully under Persian control.

[1]Ionia is on the Anatolian coast in present-day Turkey. The Greek cities in Ionia had revolted against their Persian rulers.

14.9   Darius asks the Greek city states for earth and water, the
traditional token of submission; two refuse to comply and
so he sends his army to Greece.

1   ὁ δὲ Δαρεῖος, βασιλεὺς ὢν τῶν Περσῶν, ἤθελε
δέχεσθαι ὕδωρ τε καὶ γῆν ἀπὸ πασῶν τῶν τῆς
Ἑλλάδος πόλεων. ἀλλ᾽ οὔθ᾽ οἱ Ἀθηναῖοι οὔθ᾽
<u>οἱ Λακεδαιμόνιοι</u> ἤθελον <u>τοῦτο</u> ποιεῖν.

οἱ Λακεδαιμόνιοι = the Spartans
τοῦτο = (neut.) this

5   ὁ οὖν Δαρεῖος ἔπεμψε μεγάλην τινὰ στρατιὰν πρὸς
τοὺς Ἕλληνας ἐν ναυσὶ καὶ μακροῖς πλοίοις. καὶ
<u>πρῶτον</u> μὲν ἡ τῶν Περσῶν στρατιὰ ἔπλευσε πρὸς
τὰς Κυκλάδας, νήσους οὔσας ἐν τῷ Αἰγαίῳ
<u>πόντῳ</u>. ἔπειτα δ᾽ <u>ἐπορεύοντο</u> πρὸς τὴν Ἐρέτριαν καὶ
10   ἐνίκησαν τοὺς τὴν πόλιν φυλάσσοντας. καὶ τῇ
δευτέρᾳ ἡμέρᾳ <u>τέλος</u> <u>ἀφίκοντο</u> πρὸς τὸν Μαραθῶνα.

πρῶτον = first of all

πόντος -ου = sea
πορεύομαι = I march, proceed
τέλος = at last
ἀφικνέομαι = I arrive (here
strong aorist ἀφικόμην –
ἀφίκοντο, they arrived)

14.10   When the Persians land at Marathon, the Athenians send
Pheidippides to ask the Spartans for help.

1   οἱ δὲ τῶν Ἀθηναίων ἡγεμόνες ἤθελον κωλύειν
τοὺς Πέρσας <u>προχωρεῖν</u> πρὸς τὰς Ἀθήνας, ὅτι οὐκ
ἤθελον μακρὸν ἔχειν πόλεμον πρὸς τὴν τῶν Περσῶν
στρατιὰν μεγίστην οὖσαν. ἔπεμψαν οὖν κήρυκά τινα,
5   Φειδιππίδην ὀνόματι, εἰς τὴν Σπάρτην. ἤθελον γὰρ
πείθειν τοὺς συμμάχους μάχεσθαι μετ᾽ αὐτῶν ἐν τῷ
Μαραθῶνι. ἀλλ᾽ οἱ Λακεδαιμόνιοι οὐχ οἷοί τ᾽ ἦσαν
εὐθὺς στρατιὰν πέμπειν· <u>οὔπω</u> γὰρ ἕτοιμοι ἦσαν.

προχωρέω = I advance

οὔπω = not yet

CLASSICAL GREEK

14.11 The Athenians march to Marathon with only the Plataeans as allies.

1   οἱ οὖν Ἀθηναῖοι ἐστράτευσαν πρὸς τὸν Μαραθῶνα.
    οἱ δὲ Πλαταιῆς μόνοι ἔπεμψαν στρατιὰν πρὸς τὸν
    Μαραθῶνα. ἐπεὶ δὲ οἱ Ἕλληνες ἀφίκοντο, εἶδον τὴν
    τῶν Περσῶν στρατιάν. καὶ πολλοὶ ἦσαν στρατιῶται
5   καὶ πολλοὶ ἵπποι. οἱ δὲ τῶν Ἑλλήνων στρατηγοὶ
    ἤθελον μένειν τὴν τῶν Λακεδαιμονίων στρατιάν.

14.12 Artaphernes decides to send his cavalry to Athens. Miltiades recommends breaking the stalemate and attacking the weakened Persian army.

1   ἀλλὰ μετ᾽ ὀλίγας ἡμέρας ὁ Ἀρταφέρνης, ἡγεμὼν   ἱππεύς, -έως (acc. pl.
    ὢν τῶν Περσῶν, ἐκέλευσε κατὰ θάλασσαν   ἱππέας) = horseman
    πέμπειν τοὺς <u>ἱππέας</u> πρὸς τὰς Ἀθήνας. <u>οὐκέτι</u> γὰρ   οὐκέτι = no longer
    ἐφυλάσσετο ἡ πόλις ὑπὸ τῶν Ἀθηναίων. ὁ οὖν
5   Μιλτιάδης ἔπεισε τοὺς ἄλλους στρατηγοὺς νῦν
    μάχεσθαι τοῖς βαρβάροις, καὶ <u>ὧδε</u> σοφοὺς λογοὺς   ὧδε = as follows
    εἶπε τοῖς στρατιώταις·

    "τὴν πόλιν ἡμῶν, ὦ ἄνδρες στρατιῶται, ὁρῶμεν
    νῦν ἐν μεγίστῳ κινδύνῳ. οἱ γὰρ τῶν Περσῶν <u>ἱππῆς</u>   ἱππεύς, -έως (acc. pl.
10 νῦν πλέουσι πρὸς τὴν πόλιν, καὶ τριῶν ἡμερῶν   ἱππέας) = horseman
    βλάψουσί τε καὶ ἀποκτενοῦσι πάντας τοὺς πολίτας
    – τάς τε γυναῖκας καὶ τοὺς παῖδας καὶ <u>ἔτι</u> τοὺς   ἔτι = even
    γέροντας. ἔπειτα δὲ λήψονται πάντας τοὺς δούλους.
    <u>δεῖ</u> οὖν ἡμᾶς <u>ὡς τάχιστα</u> <u>ὠφελεῖν</u> τὴν πόλιν. καὶ   δεῖ = (impersonal verb) it is
15 πρῶτον μὲν ἐνθάδε μαχούμεθα, ἔπειτα δὲ εὐθὺς   necessary
    στρατεύσομεν πρὸς τὰς Ἀθήνας καὶ νικήσομεν   ὡς τάχιστα = as quickly as
    <u>αὖθις</u> τοὺς πολεμίους. <u>οὕτως</u> οὖν δύο ἕξομεν   possible
    καλὰς νίκας, καὶ οὐ μόνον αἱ Ἀθῆναι ἀλλὰ καὶ   ὠφελέω = I help
    πᾶσαι αἱ τῆς Ἑλλάδος πόλεις ἐλεύθεραι ἔσονται,   αὖθις = again
20 καὶ πολὺν χρόνον ἔσται εἰρήνη <u>κατὰ</u> τὴν Ἑλλάδα.   οὕτως = thus, in this way
    ἀνδρείως οὖν μάχεσθε, ὦ Ἀθηναῖοι, καὶ μὴ   κατά + acc. = throughout
    <u>φοβεῖσθε</u> τοὺς πολεμίους."   φοβέομαι = I fear

14.13 The Greeks employ a novel tactic with great success.

1   εὐθὺς οὖν οἱ τῶν Ἑλλήνων στρατιῶται
    <u>προσέβαλλον</u> τοῖς Πέρσαις μεγάλῃ καὶ δεινῇ   προσβάλλω (+ dat.) = I attack
    φωνῇ 'ἐλελεῦ ἐλελεῦ' <u>βοῶντες</u>. καὶ νῦν μέγας   βοῶντες = shouting (from βοάω
    ἦν φόβος τοῖς βαρβάροις· τοῖς γὰρ Ἕλλησιν ἦν   = I shout)
5   ὅπλα βελτίονά τε καὶ δεινότερα ἢ τοῖς Πέρσαις.
    οἱ οὖν τῶν Ἀθηναίων <u>ὁπλῖται</u> ἔβαλλον τὰς <u>αἰχμὰς</u>   ὁπλίτης –ου = hoplite
    εἰς τοὺς πολεμίους, καὶ οἱ μὲν αὐτῶν ἐβλάπτοντο,   αἰχμή -ῆς = spear
    οἱ δ᾽ ἔπιπτον πρὸς τὴν γῆν ἀποθνῄσκοντες. οἱ δ᾽
    ἄλλοι Πέρσαι ἔφυγον πρὸς τὰς ναῦς διωκόμενοι ὑπὸ
10 τῶν Ἑλλήνων. καὶ πολλοὶ Ἀθηναῖοι ἐβλάπτοντο
    κωλύοντες τοὺς πολεμίους φεύγειν.

14.14 The Athenians march back to Athens to see off the Persians for a second time.

1   μετὰ δὲ τὴν μάχην οἱ Ἀθηναῖοι <u>ταχέως</u> ἐστράτευσαν   ταχέως = quickly (cf. above
    πρὸς τὰς Ἀθήνας ἐθέλοντες κωλύειν τὴν τοῦ   ὡς τάχιστα = as quickly as
    Ἀρταφέρνους στρατιάν. ἀλλ' ὁ Πέρσης, ἐπεὶ εἶδε τοὺς   possible)
    τὴν πόλιν φυλάσσοντας, εὐθὺς ἀπέφυγε πρὸς τὴν
5   <u>Περσικήν</u>. ἡ δὲ τῶν Λακεδαιμονίων στρατιὰ τρεῖς   ἡ Περσική, -ῆς = Persia
    ἡμέρας ἐστράτευσε καὶ ἀφίκετο εἰς τὸν Μαραθῶνα
    τῇ δευτέρᾳ μετὰ τὴν μάχην ἡμέρᾳ. οὕτως οὖν, διὰ
    τὴν Μαραθῶνι μάχην, οἱ Ἕλληνες οἷοί τ' ἦσαν σῴζειν
    τάς τ' Ἀθήνας καὶ τὴν πᾶσαν Ἑλλάδα· ἐπεὶ δὲ δέκα
10 ἔτεσιν <u>ὕστερον</u> <u>ἐπανῆλθον</u> οἱ βάρβαροι, αὖθις οἱ   ὕστερον = later
    Ἕλληνες αὐτοὺς ἐνίκησαν.   ἐπανῆλθον = they returned
                                                    (from ἐπανέρχομαι = I return)

And finally a tiny but stirring snatch of Greek poetry which we have translated for you:

The battle cry of the Greeks at Salamis

ὦ παῖδες Ἑλλήνων ἴτε,   Forward, sons of the Greeks,
ἐλευθεροῦτε πατρίδ', ἐλευθεροῦτε δὲ   free your fatherland, free your children, your
παῖδας, γυναῖκας, θεῶν τε πατρῴων ἕδη   women, the shrines of your ancestral gods and your
θήκας τε προγόνων· νῦν ὑπὲρ πάντων ἀγών. forebears' graves; now is the fight for everything.
                                        Aeschylus, *Persae*, 402–5

VOCABULARY FOURTEEN

ἀποθνησκω	I die, am killed	καθευδω	I sleep
ἀποκτεινω	I kill	καθιζω	I sit
ἐθελω	I wish, want	λειπω	I leave
ἐρχομαι	I go, come	παρασκευαζω	I prepare
εὑρισκω	I find, find out	πιπτω	I fall
ἀλλος, -η, -ο	other	ὀλιγος, -η, -ον	little, small; few
μονος, -η, -ον	alone, only		
γαρ (2nd word)	for	μετα + gen.	with
δε (2nd word)	and, but	ὁτι	because
ἐπι + gen.	on, upon	οὐν	therefore, so
μετα + acc.	after		

APPENDIX TO PART TWO

▦ PRACTICE LEVEL TWO PAPER

1. Translate the following passage. Please write your translation on alternate lines.

    The sons of Oedipus quarrel, and Polynices is then banished by Eteocles.

<table>
<tr><td>1</td><td>ὁ Πολυνείκης ἐστὶν ἀδελφὸς τοῦ Ἐτεοκλέους.</td><td></td><td></td></tr>
<tr><td></td><td>καὶ <u>ἄμφω</u> νεανίαι <u>βασιλεῖς</u> εἰσὶν ἐν τῇ χώρᾳ ἀλλ'</td><td>ἄμφω = both</td><td></td></tr>
<tr><td></td><td>ὁ Ἐτεοκλῆς δεινῇ φωνῇ ἔλεγεν·</td><td>βασιλεῖς = kings</td><td></td></tr>
<tr><td></td><td></td><td></td><td></td></tr>
<tr><td></td><td>"κωλύσω τὸν <u>ἐμὸν</u> ἀδελφόν. καὶ πέμψω <u>αὐτὸν</u> ἐκ</td><td>ἐμόν = my</td><td></td></tr>
<tr><td>5</td><td>τῆς χώρας."</td><td>αὐτόν = him</td><td>(25)</td></tr>
</table>

2. (a) Select the correct translation for each Greek verb.

    (i) ἔλειπον
      - A I left
      - B I was leaving
      - C they will leave
      - D they leave   (2)

    (ii) ἔσονται
      - A they will be
      - B they will save
      - C they see
      - D they will find   (2)

    (iii) εὑρήσομεν
      - A we see
      - B we find
      - C we will see
      - D we will find   (2)

    (iv) ἔκρυψαν
      - A I hid
      - B they were hiding
      - C they hid
      - D I was hiding   (2)

    (v) ἐδέχετο
      - A you received
      - B he was receiving
      - C he receives
      - D you were receiving   (2)

    (b) Select the correct answer for each Greek word.

    (i) γῆς
      - A land (nominative)
      - B land (genitive)
      - C lands (accusative)
      - D lands (genitive)   (2)

(ii) *βίβλου*

A	books (nominative)
B	book (nominative)
C	book (accusative)
D	book (genitive)

(2)

(iii) *οὐδένα*

A	no one (masculine singular nominative)
B	no one (feminine singular nominative)
C	no one (masculine singular accusative)
D	no one (neuter singular accusative)

(2)

(iv) *νύκτα*

A	night (accusative)
B	nights (accusative)
C	night (dative)
D	nights (nominative)

(2)

(v) *πόλει*

A	city (vocative)
B	city (dative)
C	cities (nominative)
D	cities (dative)

(2)

3. Give English words derived from five of the following Greek words.

ἀκούω
γέρων
δεσπότης
δεύτερος
παῖς
πρῶτος
φίλιος
χρόνος

(5)

4. Study the following passage and then answer the questions printed below it.

Polynices leads his army back to Thebes to reclaim the throne from his brother Eteocles.

1   *φεύγων οὖν εἰς ἄλλην χώραν, ὁ Πολυνείκης*
παρεσκεύασε μεγάλην στρατιάν. οἱ δὲ στρατιῶται
ἤγοντο ὑπὸ ἑπτὰ ἀνδρειοτάτων στρατηγῶν πρὸς
τὰς Θήβας, ἐθέλοντες ἢ νικᾶν ἢ ἀποθνῄσκειν.   *τὰς Θήβας* = Thebes
                                                ἢ … ἢ … = either … or

5   *πολλὰ ἔτη αἱ στρατιαὶ ἐμαχέσαντο, ἀλλὰ οὐδεὶς*
ἐνίκησεν. οἱ οὖν κήρυκες ἤγγελλον·

"*οἱ δύο ἀδελφοὶ ἐπ᾽ ἀλλήλους μαχοῦνται.*"   *ἀλλήλους* = each other

ἔπειτα ἄμφω εὐθὺς ἔπεσον.   *ἄμφω* = both

137

(i) ὁ Πολυνείκης παρεσκεύασε μεγάλην στρατιάν. (lines 1–2)
What sort of army did Polynices prepare? (1)

(ii) οἱ δὲ στρατιῶται ἤγοντο ὑπὸ ἑπτὰ ἀνδρειοτάτων στρατηγῶν (lines 2–3)
How are the seven generals described? (1)

(iii) ... ἐθέλοντες ἢ νικᾶν ἢ ἀποθνήσκειν. (line 4)
What did the soldiers want? (2)

(iv) πολλὰ ἔτη αἱ στρατιαὶ ἐμαχέσαντο (line 5)
For how long were the armies fighting? (2)

(v) "οἱ δύο ἀδελφοὶ ἐπ' ἀλλήλους μαχοῦνται." (line 7)
What did the heralds announce? (2)

(vi) ἔπειτα ἄμφω εὐθὺς ἔπεσον. (line 8)
What then happened? (2)

5. Translate the following passage. Please write your translation on alternate lines.

Antigone reacts to the unfair honours shown to her brothers Eteocles and Polynices. The curse on Oedipus' family continues.

1   οἱ οὖν πολῖται ἔθαψαν μὲν τὸ τοῦ Ἐτεοκλέους σῶμα   θάπτω = I bury
     μεγίστη τίμη, ἔλιπον δὲ τὸ τοῦ Πολυνείκους
     σῶμα ἐπὶ τῆς γῆς.

     ἡ δ' Ἀντιγόνη μόνη ἐζήτει τὸ σῶμα τὸ αἰσχρόν.

5   οἱ δὲ φύλακες εἶδον τὴν Ἀντιγόνην ἀνδρείως
     θάπτουσαν τὸν ἀδελφὸν καὶ ἔλαβον αὐτήν. (40)

Now check your work carefully

(Total marks: 100)

The above paper is printed with the permission of ISEB. It is the actual paper from January 2009 with only very minor changes.

GRAMMAR SUMMARY

THE DEFINITE ARTICLE (THE)

singular	m.	f.	n.
nominative	ὁ	ἡ	το
accusative	τον	την	το
genitive	του	της	του
dative	τῳ	τῃ	τῳ
plural	**m.**	**f.**	**n.**
nominative	οἱ	αἱ	τα
accusative	τους	τας	τα
genitive	των	των	των
dative	τοις	ταις	τοις

TIP Nouns in the vocative case are usually introduced by ὠ (O).

NOUNS: 1ST DECLENSION

singular	victory, f.	country, f.	sea, f.	judge, m.	young man, m.
nominative	νικη	χωρα	θαλασσα	κριτης	νεανιας
vocative	νικη	χωρα	θαλασσα	κριτα	νεανια
accusative	νικην	χωραν	θαλασσαν	κριτην	νεανιαν
genitive	νικης	χωρας	θαλασσης	κριτου	νεανιου
dative	νικῃ	χωρᾳ	θαλασσῃ	κριτῃ	νεανιᾳ
plural					
nominative	νικαι	χωραι	θαλασσαι	κριται	νεανιαι
vocative	νικαι	χωραι	θαλασσαι	κριται	νεανιαι
accusative	νικας	χωρας	θαλασσας	κριτας	νεανιας
genitive	νικων	χωρων	θαλασσων	κριτων	νεανιων
dative	νικαις	χωραις	θαλασσαις	κριταις	νεανιαις

TIP In this book, **all** nouns in '-α' change endings like χωρα except for θαλασσα whose genitive and dative singular forms are slightly different.

NOUNS: 2ND DECLENSION

singular	word, m.	gift, n.
nominative	λογος	δωρον
vocative	λογε	δωρον
accusative	λογον	δωρον
genitive	λογου	δωρου
dative	λογῳ	δωρῳ
plural		
nominative	λογοι	δωρα
vocative	λογοι	δωρα
accusative	λογους	δωρα
genitive	λογων	δωρων
dative	λογοις	δωροις

NOUNS: 3RD DECLENSION

singular	guard, m.	leader, m.	body, n.
nominative	φυλαξ	ἡγεμων	σωμα
vocative	φυλαξ	ἡγεμων	σωμα
accusative	φυλακα	ἡγεμονα	σωμα
genitive	φυλακος	ἡγεμονος	σωματος
dative	φυλακι	ἡγεμονι	σωματι
plural			
nominative	φυλακες	ἡγεμονες	σωματα
vocative	φυλακες	ἡγεμονες	σωματα
accusative	φυλακας	ἡγεμονας	σωματα
genitive	φυλακων	ἡγεμονων	σωματων
dative	φυλαξι (ν)	ἡγεμοσι(ν)	σωμασι(ν)

singular	year, n.	city, f.	king, m.
nominative	ἐτος	πολις	βασιλευς
vocative	ἐτος	πολι	βασιλευ
accusative	ἐτος	πολιν	βασιλεα
genitive	ἐτους	πολεως	βασιλεως
dative	ἐτει	πολει	βασιλει
plural			
nominative	ἐτη	πολεις	βασιλης
vocative	ἐτη	πολεις	βασιλης
accusative	ἐτη	πολεις	βασιλης
genitive	ἐτων	πολεων	βασιλεων
dative	ἐτεσι(ν)	πολεσι(ν)	βασιλευσι(ν)

These six nouns represent the major types of third declension noun. See Chapters Eight, Nine and Ten for full details of all nouns.

ADJECTIVES

σοφος, wise			
singular	**m.**	**f.**	**n.**
nominative	σοφος	σοφη	σοφον
vocative	σοφε	σοφη	σοφον
accusative	σοφον	σοφην	σοφον
genitive	σοφου	σοφης	σοφου
dative	σοφῳ	σοφῃ	σοφῳ
plural			
nominative	σοφοι	σοφαι	σοφα
vocative	σοφοι	σοφαι	σοφα
accusative	σοφους	σοφας	σοφα
genitive	σοφων	σοφων	σοφων
dative	σοφοις	σοφαις	σοφοις
φιλιος, friendly			
singular	**m.**	**f.**	**n.**
nominative	φιλιος	φιλια	φιλιον
vocative	φιλιε	φιλια	φιλιον
accusative	φιλιον	φιλιαν	φιλιον
genitive	φιλιου	φιλιας	φιλιου
dative	φιλιῳ	φιλια	φιλιῳ

The plural forms, φιλιοι, φιλιαι, φιλια etc. change their endings precisely like σοφοι, σοφαι, σοφα, the plural of σοφος.

For the comparison of adjectives see Chapter Twelve.

For the irregular adjectives μεγας, πολυς and πας see Chapter Twelve.

ADVERBS

Adverbs are formed from adjectives by changing the last syllable of the genitive singular into –ως. For example:

σοφος	wise	σοφου	σοφως	wisely
καλος	beautiful	καλου	καλως	beautifully

For the comparative the neuter *singular* of the comparative adjective is taken, and for the superlative the neuter *plural* of the superlative adjective. For example:

δεινως	horribly	δεινοτερον	more horribly	δεινοτατα	most horribly
αἰσχρως	disgracefully	αἰσχιον	more disgracefully	αἰσχιστα	most disgracefully

▨ PRONOUNS

	I	**you (sing.)**
nominative	ἐγω	συ
accusative	ἐμε, με	σε
genitive	ἐμου, μου	σου
dative	ἐμοι, μοι	σοι

	we	**you (pl.)**
nominitive	ἡμεις	ὑμεις
accusative	ἡμας	ὑμας
genative	ἡμων	ὑμων
dative	ἡμιν	ὑμιν

For the uses of the indefinite pronoun τις, τι and of αὐτος, -η, -ο see Chapter Thirteen.

▨ VERBS

λυω, I set free

active	**present**	**future**	**imperfect**	**aorist**
1st	λυω	λυσω	ἐλυον	ἐλυσα
2nd	λυεις	λυσεις	ἐλυες	ἐλυσας
3rd	λυει	λυσει	ἐλυε(ν)	ἐλυσε(ν)
1st	λυομεν	λυσομεν	ἐλυομεν	ἐλυσαμεν
2nd	λυετε	λυσετε	ἐλυετε	ἐλυσατε
3rd	λυουσι(ν)	λυσουσι(ν)	ἐλυον	ἐλυσαν

mid./pass.	**present**	**imperfect**
1st	λυομαι	ἐλυομην
2nd	λυει / λυη	ἐλυου
3rd	λυεται	ἐλυετο
1st	λυομεθα	ἐλυομεθα
2nd	λυεσθε	ἐλυεσθε
3rd	λυονται	ἐλυοντο

middle	**future**	**aorist**
1st	λυσομαι	ἐλυσαμην
2nd	λυσει / λυση	ἐλυσω
3rd	λυσεται	ἐλυσατο
1st	λυσομεθα	ἐλυσαμεθα
2nd	λυσεσθε	ἐλυσασθε
3rd	λυσονται	ἐλυσαντο

present infinitive active	**present infinitive middle/passive**
λυειν	λυεσθαι

present participle active

	m.	f.	n.
nominative	λυων	λυουσα	λυον
accusative	λυοντα	λυουσαν	λυον
genitive	λυοντος	λυουσης	λυοντος
dative	λυοντι	λυουσῃ	λυοντι
nominative	λυοντες	λυουσαι	λυοντα
accusative	λυοντας	λυουσας	λυοντα
genitive	λυοντων	λυουσων	λυοντων
dative	λυουσι(ν)	λυουσαις	λυουσι(ν)

present participle middle and passive

λυομενος, -η, -ον

Contracted verbs in -εω and -αω

present infinitive active **to love**	**present infinitive passive** **to be loved**
φιλειν	φιλεισθαι

present active **I love**	**present passive** **I am loved**
φιλω	φιλουμαι
φιλεις	φιλει
φιλει	φιλειται
φιλουμεν	φιλουμεθα
φιλειτε	φιλεισθε
φιλουσι(ν)	φιλουνται

future active
I shall love

φιλησω
φιλησεις
φιλησει

φιλησομεν
φιλησετε
φιλησουσι(ν)

imperfect active **I was loving**	**imperfect passive** **I was being loved**
ἐφιλουν	ἐφιλουμην
ἐφιλεις	ἐφιλου
ἐφιλει	ἐφιλειτο
ἐφιλουμεν	ἐφιλουμεθα
ἐφιλειτε	ἐφιλεισθε
ἐφιλουν	ἐφιλουντο

aorist active
I loved

ἐφιλησα

ἐφιλησας

ἐφιλησε(ν)

ἐφιλησαμεν

ἐφιλησατε

ἐφιλησαν

---

present infinitive active
to conquer

νικαν

present infinitive passive
to be conquered

νικασθαι

present active
I conquer

νικω

νικᾳς

νικᾳ

νικωμεν

νικατε

νικωσι(ν)

present passive
I am conquered

νικωμαι

νικᾳ

νικαται

νικωμεθα

νικασθε

νικωνται

future active
I shall conquer

νικησω

νικησεις

νικησει

νικησομεν

νικησετε

νικησουσι(ν)

imperfect active
I was conquering

ἐνικων

ἐνικας

ἐνικα

ἐνικωμεν

ἐνικατε

ἐνικων

imperfect passive
I was being conquered

ἐνικωμην

ἐνικω

ἐνικατο

ἐνικωμεθα

ἐνικασθε

ἐνικωντο

aorist active
I conquered

ἐνικησα
ἐνικησας
ἐνικησε(ν)

ἐνικησαμεν
ἐνικησατε
ἐνικησαν

TIP Note that these verbs in -εω and -αω are contracted only in the present and imperfect tenses; the other tenses lengthen the final vowel of the stem and are then conjugated like the corresponding tenses of λυω. Both ε and α are regularly lengthened to η.

Thus:

φιλησω	I shall love	νικησω	I shall conquer
ἐφιλησα	I loved	ἐνικησα	I conquered

The verb εἰμι (sum)

present	imperfect	future
εἰμι	ἠν or ἠ	ἐσομαι
εἰ	ἠσθα	ἐσει
ἐστι(ν)	ἠν	ἐσται
ἐσμεν	ἠμεν	ἐσομεθα
ἐστε	ἠτε	ἐσεσθε
εἰσι(ν)	ἠσαν	ἐσονται

present infinitive
εἰναι

present participle

singular nominative	ὠν	οὐσα	ὀν
accusative	ὀντα	οὐσαν	ὀν
plural dative	οὐσι(ν)	οὐσαις	οὐσι(ν)

Verbs: principal parts

Present	Imperfect	Future	Aorist	
ἀγγελλω	ἠγγελλον	ἀγγελω (εω)	ἠγγειλα	I announce
ἀγω	ἠγον	ἀξω	ἠγαγον	I lead
ἀκουω	ἠκουον	ἀκουσομαι	ἠκουσα	I hear
ἀποθνησκω	ἀπεθνησκον	ἀποθανουμαι	ἀπεθανον	I die
ἀποκτεινω	ἀπεκτεινον	ἀποκτενω (εω)	ἀπεκτεινα	I kill
βαινω	ἐβαινον	βησομαι	ἐβην	I go
βαλλω	ἐβαλλον	βαλω (εω)	ἐβαλον	I throw
βλαπτω	ἐβλαπτον	βλαψω	ἐβλαψα	I harm
γραφω	ἐγραφον	γραψω	ἐγραψα	I write
δεχομαι	ἐδεχομην	δεξομαι	ἐδεξαμην	I receive
διωκω	ἐδιωκον	διωξω	ἐδιωξα	I pursue
ἐθελω	ἠθελον	ἐθελησω	ἠθελησα	I wish
εἰμι	ἠν	ἐσομαι	-	I am
ἐρχομαι	ἠα	εἰμι	ἠλθον	I go
εὑρισκω	ηὑρισκον	εὑρησω	ηὑρον	I find
ἐχω	εἰχον	ἐξω	ἐσχον	I have
ζητεω	ἐζητουν	ζητησω	ἐζητησα	I seek
θεραπευω	ἐθεραπευον	θεραπευσω	ἐθεραπευσα	I honour
θυω	ἐθυον	θυσω	ἐθυσα	I sacrifice
καθευδω	ἐκαθευδον	καθευδησω	-	I sleep
καθιζω	ἐκαθιζον	καθιω (εω)	ἐκαθισα	I sit
κελευω	ἐκελευον	κελευσω	ἐκελευσα	I order
κρυπτω	ἐκρυπτον	κρυψω	ἐκρυψα	I hide
κωλυω	ἐκωλυον	κωλυσω	ἐκωλυσα	I prevent
λαμβανω	ἐλαμβανον	ληψομαι	ἐλαβον	I take
λεγω	ἐλεγον	λεξω or ἐρω (εω)	εἰπον	I say
λειπω	ἐλειπον	λειψω	ἐλιπον	I leave
λυω	ἐλυον	λυσω	ἐλυσα	I loosen
μαχομαι	ἐμαχομην	μαχουμαι	ἐμαχεσαμην	I fight
μενω	ἐμενον	μενω (εω)	ἐμεινα	I remain
νικαω	ἐνικων	νικησω	ἐνικησα	I conquer
οἱος τ᾽ εἰμι	οἱος τ᾽ ἠν	οἱος τ᾽ ἐσομαι	-	I am able
ὁραω	ἑωρων	ὀψομαι	εἰδον	I see
παιδευω	ἐπαιδευον	παιδευσω	ἐπαιδευσα	I train
παρασκευαζω	παρεσκευαζον	παρασκευασω	παρεσκευασα	I prepare
παρειμι	παρην	παρεσομαι	-	I am present
παυω	ἐπαυον	παυσω	ἐπαυσα	I stop

Present	Imperfect	Future	Aorist	
πειθω	ἐπειθον	πεισω	ἐπεισα	I persuade
πεμπω	ἐπεμπον	πεμψω	ἐπεμψα	I send
πιπτω	ἐπιπτον	πεσουμαι	ἐπεσον	I fall
πιστευω	ἐπιστευον	πιστευσω	ἐπιστευσα	I trust
πλεω	ἐπλεον	πλευσομαι	ἐπλευσα	I sail
ποιεω	ἐποιουν	ποιησω	ἐποιησα	I make, do
στρατευω	ἐστρατευον	στρατευσω	ἐστρατευσα	I march
σῳζω	ἐσῳζον	σωσω	ἐσωσα	I save
φευγω	ἐφευγον	φευξομαι	ἐφυγον	I flee
φιλεω	ἐφιλουν	φιλησω	ἐφιλησα	I love
φυλασσω	ἐφυλασσον	φυλαξω	ἐφυλαξα	I guard

VOCABULARY: GREEK TO ENGLISH

ἀγαθος, -η, -ον = good
ἀγγελλω = I announce
ἀγορα, -ας, f. = market-place
ἀγω = I lead
ἀδελφος, -ου, m. = brother
ἀει = always
Ἀθηναι, αἱ = Athens
Ἀθηναιος, -ου, m. = an Athenian
ἀθλον, -ου, n. = prize
αἰσχρος, -α, -ον = shameful, disgraceful
ἀκουω + gen. of person = I hear, listen
ἀλλα/ἀλλ᾽ = but
ἀλλος, -η, -ο = other
ἀνδρειος, -α, -ον = brave
ἀνηρ, ἀνδρος, m. = man, husband
ἀνθρωπος, -ου, m. = man, human being
ἀπο + gen. = from
ἀποθνησκω = I die, am killed
ἀποκτεινω = I kill
ἀρα = introduces a direct question
αὐτος, -η, -ο = self, him, her, it, them; the same

βαινω = I go
βαλλω = I throw, pelt
βαρβαροι, -ων = foreigners, barbarians
βασιλευς, -εως, m. = king
βιβλος, -ου, f. = book
βιος, -ου, m. = life
βλαπτω = I harm, damage

γαρ = for
γερων, -οντος, m. = old man
γη, γης, f. = earth, land
γραφω = I write
γυνη, -αικος, f. = woman, wife, lady

δε = but, and
δεινος, -η, -ον = strange, terrible, clever
δενδρον, -ου, n. = tree
δεσποτης, -ου, m. = master
δευτερος, -α, -ον = second
δεχομαι = I receive
δημος, -ου, m. = people
δια + acc. = because of
δια + gen. = through
δικαιος, -α, -ον = just, right
διωκω = I pursue, chase

δουλος, -ου, m. = slave
δυο, δυοιν = two
δωρον, -ου, n. = gift, present

ἐγω, ἐμου/μου = I
ἐθελω = I wish, want
εἰμι = I am
εἰρηνη, -ης, f. = peace
εἰς + acc. = into, against, to, up to
εἱς, μια, ἑν = one
ἐκ/ἐξ + gen. = out of, from
ἐκει = there
ἐλευθερος, -α, -ον = free
ἐν + dat. = in, on
ἐνθαδε = here
ἐπει = when, since
ἐπειτα = then
ἐπι + gen. = on, upon
ἐπιστολη, -ης, f. = letter
ἐργον, -ου, n. = work, action
ἐρχομαι = I come, go
ἑτοιμος, -η, -ον = ready
ἐτος, -ους, n. = year
εὐθυς = immediately
εὑρισκω = I find, find out
ἐχω = I have, hold, keep

ζητεω = I seek
ζῳον, -ου, n. = animal

ἠ = than
ἡγεμων, -ονος, m. = leader, guide
ἠδη = already
ἡλιος, -ου, m. = sun
ἡμεις, ἡμων = we
ἡμερα, -ας, f. = day

θαλασσα, -ης, f. = sea
θανατος, -ου, m. = death
θεα, -ας, f. = goddess
θεος, -ου, m. = god
θεραπευω = I honour, worship, heal, cure, look after
θυγατηρ, θυγατρος, f. = daughter
θυω = I sacrifice

ἰατρος, -ου, m. = doctor
ἱππος, -ου, m. = horse

καθευδω = I sleep
καθιζω = I sit
και = and
κακος, -η, -ον = bad, wicked
καλος, -η, -ον = beautiful, fine
κατα + acc. = in accordance with, by way of
κελευω = I order
κηρυξ, -υκος, m. = herald
κινδυνος, -ου, m. = danger
κριτης, -ου, m. = judge
κρυπτω = I hide
κωλυω = I obstruct, prevent

λαμβανω = I take, capture, catch
λεγω = I say, speak
λειπω = I leave
λογος, -ου, m. = word
λυω = I loose, set free, untie; (middle) I ransom

μακρος, -α, -ον = long
μαχη, -ης, f. = battle
μαχομαι + dat.= I fight
μεγας, μεγαλη, μεγα = large, big, great
μεν ... δε = on the one hand ... on the other
μενω = I remain, wait for
μετα + acc. = after
μετα + gen. = with
μη = not
μητηρ, μητρος, f. = mother
μικρος, -α, -ον = small
μονος, -η, -ον = alone, only

ναυς, νεως, f. = ship
ναυτης, -ου, m. = sailor
νεανιας, -ου, m. = young man
νησος, -ου, f. = island
νικαω = I conquer, win
νικη, -ης, f. = victory
νομος, -ου, m. = law
νοσεω = I am ill
νοσος, -ου, f. = illness, disease
νυν = now
νυξ, νυκτος, f. = night

ξενος, -ου, m. = stranger, friend

ὁδος, -ου, f. = road, journey, way
οἰκια, -ας, f. = house
οἱ μεν ... οἱ δε = some ... others
οἱος τ᾽ εἰμι = I am able
ὀλιγος, -η, -ον = little, small, few
ὀνομα, -ατος, n. = name
ὁπλα, -ων, n. = weapons
ὁραω = I see
ὀργη, -ης, f. = anger
ὁτι = because
οὐ/οὐκ/οὐχ = not
οὐδεις = nobody, no-one
οὐδεν = nothing
οὐν = therefore, so
οὐτε ... οὐτε = neither ... nor

παιδευω = I train, educate
παις, παιδος, c. = child, son, daughter, boy
παρασκευαζω = I prepare
παρειμι = I am present
πας, πασα, παν = all, every, whole, each
πατηρ, πατρος, m. = father
παυω = I stop
πειθω = I persuade
πεμπω = I send
πιπτω = I fall
πιστευω = I trust, believe
πλεω = I sail
πλοιον, -ου, n. = boat
πλουσιος, -η, -ον = rich
ποιεω = I make, do, treat
ποιητης, -ου, m. = poet
πολεμιοι, -ων, m. = enemy
πολεμος, -ου, m. = war
πολις, -εως, f. = city, state
πολιτης, -ου, m. = citizen
πολυς, πολλη, πολυ = much, many
ποταμος, -ου, m. = river
που; = where?
προς + acc. = to, towards, against
πρωτος, -η, -ον = first
πως; = how?

σοφια, -ας, f. = wisdom
σοφος, -η, -ον = wise
στρατευω = I march, go on an expedition
στρατηγος, -ου, m. = general
στρατια, -ας, f. = army
στρατιωτης, -ου, m. = soldier

στρατοπεδον, -ου, n. = camp
συ, σου = you (sing.)
συμμαχος, -ου, m. = ally
σωζω = I save
σωμα, -ατος, n. = body

τειχος, -ους, n. = wall
τεκνον, -ου, n. = child
τι = something
τί; = what?
τις = someone
τίς; = who?
τιμη, -ης, f. = honour
τρεις, τρια = three
τριτος, -η, -ον = third

ὑδωρ, ὑδατος, n. = water
υἱος, -ου, m. = son
ὑμεις, ὑμων = you (pl.)
ὑπνος, -ου, m. = sleep
ὑπο + gen. = by

φευγω = I flee, run away
φιλεω = I love
φιλιος, -α, -ον = friendly
φοβος, -ου, m. = fear
φυλασσω = I guard
φυλαξ, -ακος, m. = guard
φωνη, -ης, f. = voice

χαλεπος, -η, -ον = difficult, dangerous
χρηματα, -ων, n. pl. = money
χρησιμος, -η, -ον = useful
χρονος, -ου, m. = time
χωρα, -ας, f. = country

ὠ = O

VOCABULARY: ENGLISH TO GREEK

able, I am = οἱος τ᾽ εἰμι
according to = κατα + acc.
action = ἐργον, -ου, n.
after = μετα + acc.
against = προς + acc.
all = πας, πασα, παν
ally = συμμαχος, -ου, m.
alone = μονος, -η, -ον
already = ἠδη
also = και
always = ἀει
am, I = εἰμι
and = και
anger = ὀργη, -ης, f.
animal = ζῳον, -ου, n.
announce, I = ἀγγελλω
another = ἀλλος, -η, -ο
anyone = τις
army = στρατια, -ας, f.
at = ἐν + dat.
at once = εὐθυς
Athenian = Ἀθηναιος, -ου
Athens = αἱ Ἀθηναι, των Ἀθηνων

bad = κακος, -η, -ον
barbarians = βαρβαροι, -ων
battle = μαχη, -ης, f.
beautiful = καλος, -η, -ον
because = ὁτι
because of = δια + acc.
believe, I = πιστευω + dat.
big = μεγας, μεγαλη, μεγα
block, I = κωλυω
boat = πλοιον, -ου, n.
body = σωμα, -ατος, n.
book = βιβλος, -ου, f.
boy = παις, παιδος, m.
brave = ἀνδρειος, -α, -ον
bring, I = ἀγω
brother = ἀδελφος, -ου, m.
but = ἀλλα, δε
by = ὑπο + gen.
by way of = κατα + acc.

camp = στρατοπεδον, -ου, n.
capture, I = λαμβανω

catch, I = λαμβανω
chase, I = διωκω
child = τεκνον, -ου n.; παις, παιδος, c.
citizen = πολιτης, -ου, m.
city = πολις, -εως, f.
clever = δεινος, -η, -ον
conquer = νικαω
country = χωρα, -ας, f.
cure, I = θεραπευω

damage, I = βλαπτω
danger = κινδυνος, -ου, m.
dangerous = χαλεπος, -η, -ον
daughter = θυγατηρ, -τρος, f.; παις, -δος, c.
day = ἡμερα, -ας, f.
death = θανατος, -ου, m.
deed = ἐργον, -ου, n.
die, I = ἀποθνησκω
difficult = χαλεπος, -η, -ον
disease = νοσος, -ου, f.
disgraceful = αἰσχρος, -α, -ον
do, I = ποιεω
doctor = ἰατρος, -ου, m.

earth = γη, γης, f.
educate, I = παιδευω
enemy = πολεμιοι, -ων, m. pl.
every = πας, πασα, παν

fall, I = πιπτω
father = πατηρ, -τρος, m.
fear = φοβος, -ου, m.
few = ὀλιγοι, -αι, -α
fight, I = μαχομαι + dat.
find, I = εὑρισκω
fine = καλος, -η, -ον
first = πρωτος, -η, -ον
flee = φευγω
for = γαρ
for (preposition) = εἰς + acc.
foreigner = ξενος, -ου, m.
free = ἐλευθερος, -α, -ον
free, I = λυω
friend = φιλος, -ου, m.
friendly = φιλιος, -α, -ον
from = ἀπο + gen.

general = στρατηγος, -ου, m.
gift = δωρον, -ου, n.
go, I = βαινω, ἐρχομαι
go on expedition, I = στρατευω
god = θεος, -ου, m.
goddess = θεα, -ας, f.
good = ἀγαθος, -η, -ον
great = μεγας, μεγαλη, μεγα
guard = φυλαξ, φυλακος, m.
guard, I = φυλασσω

harm, I = βλαπτω
have, I = ἐχω
heal, I = θεραπευω
hear, I = ἀκουω + gen. of the person
herald = κηρυξ, κηρυκος, m.
here = ἐνθαδε
hide, I = κρυπτω
hinder, I = κωλυω
hold, I = ἐχω
honour = τιμη, -ης, f.
honour, I = θεραπευω
horrible = δεινος, -η, -ον
horse = ἱππος, -ου, m.
house = οἰκια, -ας, f.
how? = πως;
husband = ἀνηρ, ἀνδρος, m.

I = ἐγω, ἐμου / μου
illness = νοσος, -ου, f.
immediately = εὐθυς
in = ἐν + dat.
injure, I = βλαπτω
into = εἰς + acc.
island = νησος, -ου, f.

journey = ὁδος, -ου, f.
judge = κριτης, -ου, m.
just = δικαιος, -α, -ον

keep, I = ἐχω
kill, I = ἀποκτεινω
killed, I am = ἀποθνησκω
king = βασιλευς, -εως, m.

lady = γυνη, γυναικος, f.
land = γη, γης, f.
large = μεγας, μεγαλη, μεγα
law = νομος, -ου, m.
lead, I = ἀγω
leader = ἡγεμων, -ονος, m.

leave, I = λειπω
letter = ἐπιστολη, -ης, f.
life = βιος, -ου, m.
listen, I = ἀκουω + gen. of the person
little = ὀλιγος, -η, -ον
long = μακρος, -α, -ον
look for, I = ζητεω
look after, I = θεραπευω
loose, I = λυω
love, I = φιλεω

make, I = ποιεω
man = ἀνθρωπος, -ου, m.; ἀνηρ, ανδρος, m.
many = πολλοι, -αι, -α
march, I = στρατευω
market-place = ἀγορα, -ας, f.
master = δεσποτης, -ου, m.
money = χρηματα, -ων, n. pl.
mother = μητηρ, -τρος, f.
much = πολυς, πολλη, πολυ

name = ὀνομα, -ατος, n.
neither … nor = οὐτε … οὐτε
night = νυξ, νυκτος, f.
nobody = οὐδεις, οὐδενος
not = οὐ, μη
nothing = οὐδεν
now = νυν

O = ὠ
obstruct, I = κωλυω
old man = γερων, -οντος, m.
on = ἐπι + gen.
one = εἰς, μια, ἐν
only = μονος, -η, -ον
order, I = κελευω
other = ἀλλος, -η, -ο
out of = ἐκ/ἐξ + gen.
overcome, I = νικαω

peace = εἰρηνη, -ης, f.
pelt, I = βαλλω
people = δημος, -ου, m.
persuade, I = πειθω
poet = ποιητης, -ου, m.
prepare I = παρασκευαζω
present = δωρον, -ου, n.
present, I am = παρειμι
prevent, I = κωλυω
prize = ἀθλον, -ου, n.
pursue, I = διωκω

ransom, I = λυομαι (middle)
ready = ἑτοιμος, -η, -ον
receive, I = δεχομαι
release, I = λυω
remain, I = μενω
report, I = ἀγγελλω
rest, the = οἱ ἀλλοι
rich = πλουσιος, -α, -ον
right = δικαιος, -α, -ον
river = ποταμος, -ου, m.
road = ὁδος, -ου, f.
run away, I = φευγω

sacrifice, I = θυω
sail, I = πλεω
sailor = ναυτης, -ου, m.
same, the = ὁ αὐτος, -η, -ον
save, I = σωζω
say, I = λεγω
sea = θαλασσα, -ης, f.
second = δευτερος, -α, -ον
see, I = ὁραω
seek, I = ζητεω
self = αὐτος, -η, -ο
send, I = πεμπω
set free, I = λυω
shameful = αἰσχρος, -α, -ον
ship = ναυς, -εως, f.
since = ἐπει
sit, I = καθιζω
slave = δουλος, -ου, m.
sleep = ὑπνος, -ου, m.
sleep, I = καθευδω
small = μικρος, -α, -ον
soldier = στρατιωτης, -ου, m.
someone = τις
something = τι
son = υἱος, -ου, m.
speak, I = λεγω
stay = μενω
stop, I = παυω
strange = δεινος, -η, -ον
stranger = ξενος, -ου, m.
sun = ἡλιος, -ου, m.

take, I = λαμβανω
terrible = δεινος, -η, -ον
than = ἠ
then = ἐπειτα
there = ἐκει

therefore = οὐν
third = τριτος, -η, -ον
three = τρεις, τρια
through = δια + gen.
throw, I = βαλλω
time = χρονος, -ου, m.
to = εἰς, προς + acc.
towards = προς + acc.
train, I = παιδευω
treat, I = ποιεω
tree = δενδρον, -ου, n.
trust, I = πιστευω + dat.
two = δυο, δυοιν

up to = εἰς
upon = ἐπι + gen.
useful = χρησιμος, -η, -ον

victory = νικη, -ης, f.
voice = φωνη, -ης, f.

wait for, I = μενω
wall = τειχος, -ους, n.
want, I = ἐθελω
war = πολεμος, -ου, m.
water = ὑδωρ, -ατος, n.
way = ὁδος, -ου, f.
we = ἡμεις, ἡμων
weapons = ὁπλα -ων, n. pl.
what? = τί;
when = ἐπει
where? = που;
who? = τίς;
whole = πας, πασα, παν
wicked = κακος, -η, -ον
wife = γυνη, -αικος, f.
willing, I am = ἐθελω
win, I = νικαω
wisdom = σοφια, -ας, f.
wise = σοφος, -η, -ον
with = μετα + gen.
word = λογος, -ου, m.
work = ἐργον, -ου, n.
write, I = γραφω

year = ἐτος, -ους, n.
you (sing.) = συ, σου
you (pl.) = ὑμεις, ὑμων
young man = νεανιας, -ου, m.

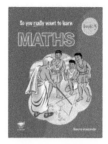